Demos Graças a Deus

PE. MARCOS ROGÉRIO

Demos graças a Deus

aprenda a viver com sabedoria e gratidão

)]((Academia

Copyright © Marcos Rogério de Oliveira, 2019
Copyright © Editora Planeta do Brasil, 2019
Todos os direitos reservados.

Preparação de textos: Project Nine Editorial
Diagramação: Project Nine Editorial
Revisão: Diego Franco Gonçales e Project Nine Editorial
Capa: Departamento de criação da Editora Planeta do Brasil
Imagem de capa: Rodrigo Roncolato

DADOS INTERNACIONAIS DE CATALOGAÇÃO NA PUBLICAÇÃO (CIP)
ANGÉLICA ILACQUA CRB-8/7057

Rogério, Marcos
    Demos graças a Deus / Padre Marcos Rogério. - São Paulo : Planeta de Livros, 2019.
    128 p.

ISBN: 978-85-422-1525-0

1. Religião 2. Gratidão 3. Deus 4. Vida cristã 5. Amor 6. Fé 7. Crescimento espiritual I. Título

18-2165   CDD 248.4

Índices para catálogo sistemático:
1. Deus : Gratidão : Vida cristã

2019
Todos os direitos desta edição reservados à
Editora Planeta do Brasil Ltda.
Rua Bela Cintra 986, 4º andar - Consolação
São Paulo - SP - 01415-002
www.planetadelivros.com.br
atendimento@editoraplaneta.com.br

Sumário

Prefácio 7

Introdução – Nossos vazios 11

Capítulo 1 – Saudade 15

Capítulo 2 – O poder do abraço 19

Capítulo 3 – Saber envelhecer 23

Capítulo 4 – Cicatrizes 27

Capítulo 5 – A cura pelo perdão 31

Capítulo 6 – Deixar ir embora 35

Capítulo 7 – As cruzes da nossa vida 39

Capítulo 8 – É preciso saber viver 43

Capítulo 9 – Verdades 47

Capítulo 10 – Dúvidas 51

Capítulo 11 – Decepções 55

Capítulo 12 – Solidão 59

Capítulo 13 – Para sempre 63

Capítulo 14 – Finados 67
Capítulo 15 – Tempestade 71
Capítulo 16 – Morte 73
Capítulo 17 – Perdão 77
Capítulo 18 – Saudade 79
Capítulo 19 – Perdas 81
Capítulo 20 – Reciprocidade 83
Capítulo 21 – Milagre 85
Capítulo 22 – Cansaço 87
Capítulo 23 – Relações saudáveis 91
Capítulo 24 – Fazer valer a pena 95
Capítulo 25 – Mãe 99
Capítulo 26 – A pedra já foi removida 103
Capítulo 27 – Como se comportar diante de pessoas críticas 107
Capítulo 28 – O que fazer para salvar famílias 111
Capítulo 29 – Amor 115
Capítulo 30 – Natal 117
Capítulo 31 – Um tempo novo 121

Prefácio

"O amor nos localiza naquilo que somos
e no que temos de mais bonito."

Estou aqui em um voo de nove horas de duração, e que boa ideia foi me deixar "localizar pelo amor", como bem disse Padre Marcos em um dos capítulos do livro. O avião está escuro, todos dormem, uma música clássica me acompanha no fone de ouvido: esse é o cenário que me ajudou a "entrar de cabeça" nos textos e histórias de gratidão de meu querido amigo. E que histórias!

A alma de um amigo é sempre um lugar seguro para estar e foi nela que mergulhei nessas horas de silêncio e provocação interior. Por isso, como o livro bem me ensinou, apresento a vocês esta proposta de caminho para a gratidão já agradecendo por ele. Com uma linguagem direta, sem rodeios e pontiaguda, característica sempre presente no trabalho pastoral e na amizade sincera de meu amigo Marcos, o convite é explícito, e aceita quem realmente quiser. Aqui não há meio-termo.

Agradecer.

Palavrinha simples e que contém tanto, tanto!

Só em escrevê-la, minha memória voa longe e se instala naqueles momentos de educação maternal, onde minha mãe dizia, diante de alguém ou alguma gentileza recebida: "O que a gente diz, minha filha? Qual a palavrinha mágica que a mãe lhe ensinou?"; e eu, me sentindo orgulhosa em saber a resposta, dizia pomposa e feliz: "Muito obrigada". Foi lá que a gratidão nasceu em mim: em casa.

Gratidão também é colhida na raiz da nossa família, é hábito que não se esquece e ganha profundidade de acordo com o exercício constante; porque agradecer é opção eterna de nos recolocarmos no nosso lugar, de darmos "a César o que é de César" e a "Deus o que é de Deus". Agradecer é aguçar em nós um senso de justiça elevado, mais além do humano, psicológico, social ou educacional; mas também um salto de fé que nos educa para a vida espiritual, aquela que ultrapassa nossa sensibilidade e percepção, e nos remete a uma experiência única de libertação, leveza e simplicidade. Só a alma simples agradece com honestidade, pois agradecer é dar honra ao outro, reconhecendo sua habilidade e talento, sem que isso nos ofenda ou amedronte. Sem tocar na gratidão divina, que nos revela uma vida única que muitas vezes não é vista por causa da nossa limitação e desejo de controle: se não é como quero, não agradeço; quando deveria ser o contrário: agradecer, mesmo quando tudo está escuro e difícil, pois a gratidão acende luzes do Espírito de Deus em nós que nenhum conselho humano é capaz de conseguir.

Agradecer é uma atitude de gente adulta, crescida, que já sentiu o peso da vida e da existência e sabe que o ato é nobre e profundamente libertador. Padre Marcos, com maturidade e coragem, nos leva neste livro a diversos recônditos da alma humana, onde na maioria das vezes não gostamos de entrar, muito menos de por eles agradecer. O convite que ele nos faz, por intermédio de seus relatos profundamente diretos e pessoais, não somente como sacerdote, mas como ser humano sensível às dores do mundo, é um convite claro à gratidão; pois olhar a si mesmo em lugares tão machucados e marcados pela vida e sair melhor deles é passo de maturidade que se conquista apenas por meio da entrega.

Agradecer é entregar-se. Não consigo enxergar a gratidão sem entrega e, em cada história, cada pessoa visitada, cada situação relatada, em cada página que fui lendo, sentia uma mão de amigo estendida que me acompanhava em lugares escuros onde ainda sentia medo de entrar, e era um convite de entrega e ela foi acontecendo. Ele conseguiu escolher temas fundamentais, pilares da nossa vida sobre os quais nos baseamos para viver, sonhar, seguir. (A história do videogame aos pés da cruz daquele menino será inesquecível pra mim... Leia e você verá que não vai esquecer também!).

Demos graças a Deus é um convite para uma conversa diante de um bom, amoroso e nada raso amigo, que vai lhe conduzir por uma senda corajosa e direta, típica de seu jeito de ser e de seu ministério sacerdotal, tocando em pontos estratégicos da nossa existência que, com certeza, precisam de cuidado constante e olhar sábio, gerando naturalmente um caminho pra gratidão.

A gratidão profunda é uma conquista, um fruto de um caminho sólido construído ao longo da vida. Ainda não conheci uma pessoa sequer que realmente seja grata em todos os aspectos de sua vida que não seja leve, saudável e feliz; pois a gratidão tem esse poder de nos dar consciência da graça imensa que nos circunda e do quão amados somos por Deus. Ser grato é ter uma opção concreta de felicidade na vida, pois se habitualmente agradecemos, o Senhor tira de nós aquilo que é tão latente em quem insiste em guardar pedra na alma: a amargura.

Que seu percurso em busca da gratidão por meio deste livro tenha a mesma graça da qual pude desfrutar: fui cuidada onde menos esperava; voltei a agradecer por coisas que estavam guardadas e escondidas e passei a olhar com mais coragem para meus medos secretos, inseguranças velhas, algumas perguntas sem respostas e especialmente o medo da morte; pois "em tudo dai graças" é o conselho bíblico a nós. E tudo é tudo mesmo! Sem deixar passar nada!

Aproveite o caminho que meu querido amigo Padre Marcos está nos propondo e que a gratidão lhe traga leveza nas palavras, sorriso no rosto e honestidade na experiência. Boa leitura! Comece já!

Ziza Fernandes, cantora católica

Introdução

NOSSOS VAZIOS

Existem vazios que só Deus pode preencher. Ao longo da nossa história e da nossa caminhada nós procuramos, tantas vezes, respostas e, em alguns momentos, não as encontramos. São vazios que a vida deixa na nossa história, são rachaduras que, muitas vezes, surgem e que precisam ser preenchidas. A cada instante percebemos que existe uma graça tão grande que transforma o nosso coração, cada situação é sinal de uma graça que não tem fim. De vez em quando é preciso olhar para o tempo e perceber que muitas situações surgem e tornam nossa vida uma expressão de gratuidade.

Vazios que o mundo deixou, vazios que pessoas deixaram. Existem, sim, pessoas que chegam e conseguem preencher tudo aquilo que nós trazemos dentro do coração, mas também existem pessoas que conseguem deixar um vazio e uma lacuna grande. São nesses momentos que nós percebemos que a nossa vida é tão pequena, que a gratuidade do ser humano está em encontrar os pedaços que um dia foram distribuídos ao longo da história. A nossa vida é um mosaico colorido, que você tem a capacidade de preencher. Cada pessoa que passa por nós deixa um pouco de si mesma e leva um pouco de nós. Vazios existem, mas devem ser preenchidos com aquilo que, de verdade, vale a pena, pois ao me abrir para as coisas que valem a pena, eu percebo a grandiosidade da presença de um Deus que transforma tudo. A única coisa necessária é abandonar-se diante de Deus e perceber que só Ele pode transformar a nossa vida.

Quantos vazios você já experimentou?

Quantas rachaduras você possui na sua vida?

Quantas coisas precisariam ser preenchidas hoje?

Os vazios são preenchidos quando nós nos encontramos conosco e com aqueles que podem trazer paz para nossa vida. Não preencha a sua vida com qualquer coisa, não preencha a sua vida com qualquer pessoa ou com qualquer situação. Os vazios existem, justamente, para descobrirmos o que somos, o que temos e o que grita dentro de nós. O vazio é a ausência daquilo que grita em nós, e que buscamos, a cada dia, para entendermos que quando se entrega tudo, a esperança surge como um sinal de gratuidade na minha e na sua vida.

Quais são os seus vazios?

Quais são as suas rachaduras?

São em nossos vazios que percebemos que Deus nos dá as respostas que só Ele tem para preencher o nosso coração. Os vazios existem porque colocamos algumas coisas no lugar em que deveríamos priorizar outras; mas Deus nos fala que esse espaço vazio só pode ser preenchido por Ele.

Quem nunca chorou algum dia, olhando para os vazios da sua história?

Quem nunca chorou percebendo que precisaria mudar e até mesmo se encontrar com aquilo que pudesse dar um sentido diferente?

É nesse momento que Deus entra. Nessas horas, precisamos silenciar e olhar para o Senhor, entendendo que é Ele que dará as respostas, pois Ele sempre está no meio de nós. Quando eu percebo isso, eu sinto paz e noto que meus vazios encontram a plenitude que grita em mim. Então eu entendo que Deus quer me transformar.

Quais são os seus vazios?
O que que está gritando hoje em você?
O que você quer que seja tocado?
O que precisaria ser mudado para você perceber que Ele está no meio de nós?

Quando isso fica claro, a vida ganha um sentido diferente. Mesmo diante de coisas que machucam e doem na nossa história, percebemos que Deus, simplesmente, cura e transforma o nosso coração.

Abra o seu coração para perceber que você não está sozinho e que Ele caminha conosco. Assim, notamos que tudo é Dele, e quando eu canto "Tudo é do Pai" é na certeza de que esses vazios vão ser preenchidos e que a minha história pode ser reconstruída e reescrita por mim mesmo, dentro de uma ação que transforma todo o meu ser. Abra o coração para experimentar isso e, simplesmente, deixar-se conduzir pela graça de Deus. Existem vazios? Existem rachaduras? Sim, e elas podem ser preenchidas por esse amor tão grande, no qual só Ele faz de nós um instrumento de salvação. Quando isso acontecer, você só tem que deixar a graça de Deus permanecer e gritar bem alto: "Tudo é do Pai".

Peço ao Senhor hoje que possa derramar na sua história todo o sinal da graça. Peço ao Senhor que derrame na sua vida todo o mistério da salvação.

Senhor Jesus, eu entrego cada pessoa que nos acompanha neste momento, eu entrego cada pessoa que grita e clama pela

Sua presença. Eu peço que preencha todos os vazios que possam marcar a vida de cada uma delas. Que todas as rachaduras possam ser preenchidas, segundo os Seus desígnios, e que a nossa vida possa ser transformada segundo a Sua benevolência.

Manda o Seu Espírito Santo sobre cada um de nós, e derrama sobre nós uma unção nova. Fazei de nós, ó Santo Espírito, sinais de salvação. Que tudo aquilo que é vazio na nossa vida seja preenchido pela Sua presença e pela Sua graça. Eu proclamo na sua história que só Ele pode preencher os vazios da nossa existência. Eu proclamo na sua vida que Ele está no meio de nós.

Capítulo 1

SAUDADE

Existem horas que a saudade bate de forma tão forte que nós não entendemos por que ela vem ao nosso encontro e nos perguntamos o motivo de certas coisas acontecerem. Percebemos que são nas saudades que o amor é eternizado. Essa saudade é, naturalmente, a expressão concreta daquilo que um dia se foi e que nós gostaríamos que estivesse sempre próximo. Saudades de nós mesmos, saudades das pessoas que se foram, saudades daquelas que estão ao nosso lado. A saudade nada mais é do que um grito do nosso próprio ser que nos chama para aquilo que somos, para um encontro pessoal conosco e, sobretudo, para entendermos que existe uma graça tão grande. Eu não sei do que você sente saudade, eu não sei de quem você sente saudade, mas ela, simplesmente, faz de nós pessoas vivas.

Tem saudades que nos levam a ter experiências concretas da graça de Deus e foi isso que eu experimentei ao fazer uma visita a um hospital. Eu estava no corredor quando uma mãe veio até mim e disse que seu filho de 15 anos tinha leucemia e estava internado lá, o nome do menino era Vinícius. Entrei no quarto onde ele estava e segurei sua mão. Olhando para aquele menino perguntei:

"Vinícius, o que você quer de Deus, filho?".

Aquele menino, com o corpo praticamente tomado pela leucemia, disse para mim:

"Sabe, padre, eu quero ser mais humilde".

Essas palavras tocaram no meu coração de forma tão grande, que eu entendi que aquele menino havia compreendido que o mais importante, naquele momento, não era a cura. A única coisa que ele pediu foi a graça da humildade, e ao pedir isso ele, simplesmente, se abriu para uma experiência linda.

Observei aquela mãe e ela me disse que o colchão dela estava ali do lado e que agora morava no hospital, pois ficava com o filho o tempo inteiro.

"Ele é a minha vida. Eu não o deixo nunca na minha história", ela me disse.

Tantas coisas passaram pela minha cabeça, eu olhava para aquele menino e imaginava quais seriam os sonhos dele, o que será que grita dentro daquele coração? O que ele gostaria de viver? Mas a única coisa que ele pediu foi a graça da humildade.

Rezei com aquela família e toda vez que olhava para aquele colchão que estava no chão, meu coração gritava pensando na saudade que um dia ali residiria. Depois de alguns dias, recebi a notícia que o Vinícius havia falecido, e a única coisa que veio no meu coração foi o seguinte questionamento: onde aquela mãe irá colocar o colchão dela? Onde ela vai descansar agora?

O vazio ficou grande no coração, uma saudade enorme. Uma vez, quando a encontrei novamente, perguntei onde estava o colchão, ela disse:

"Padre, o colchão continua ao lado da cama. Eu não tenho mais o sorriso do Vinícius, não tenho mais a presença dele, mas guardo no coração as lembranças mais lindas, que um dia foram vividas".

A saudade serve para isso. Quando não damos mais conta, ela simplesmente escorre pelo nossos olhos. Quando não conseguimos mais, Deus nos fala que é normal sentir falta, mas Ele traz de volta aquilo que precisa ser trazido. Sei que, às vezes, temos tantas saudades que gritam dentro do nosso coração, que existem coisas que não conseguimos entender, mas aprendi com o Vinícius uma coisa: às vezes a cura não é, simplesmente, a cura do corpo, de vez em quando a cura maior que Deus quer fazer é no coração. Aquele menino pediu a humildade e eu tenho certeza de que ele se encontra com o Senhor e está descansando. Aquela mãe guarda uma saudade tão grande cheia de lembranças boas.

Você não sai de quem você sente saudade. Eu não sei quais são as pessoas que fazem falta na sua vida, mas eu sei que o Vinícius faz falta na vida daquela mãe e a cada dia ela o entrega novamente. Saudade é ter a capacidade de voltar e perceber que ali reside algo tão bonito que nos convida a recomeçar mais uma vez. Não tenha medo de abraçar quando é preciso abraçar, não tenha medo de dizer aquilo que se sente quando é verdadeiro, e compreenda que em cada parte de nossa vida percebemos que a saudade nos diz que estamos vivos. É nesse estar vivo que encontramos aquilo que é mais precioso em nossa vida.

Deus também sente saudade de você, também sente a sua falta, também o chama todos os dias para estar com Ele. Quando você não der mais conta, ajoelhe-se diante dele e diga:

> Eu estava com saudades de Ti, Senhor, eu estava com saudades de Ti. Aqui está o meu colchão e eu o coloco aqui para que eu possa olhar para o Senhor, e percebo que sem Você eu não sou

nada. Cure as nossas saudades, arranque as nossas tristezas e nos faça perceber que diante de Ti, nós podemos recomeçar. Por isso voltamos, para que a nossa vida seja totalmente reintegrada à Sua vida.

Quem nunca sentiu saudade é porque nunca amou, nunca experimentou de verdade aquilo que fala mais alto dentro da sua própria história. É por isso que peço ao Senhor neste momento que Ele esteja no meio de nós e que nos ajude a compreender que, a cada dia, a Sua presença santifica tudo e transforma o nosso coração. Entregue as suas saudades, coloque aquelas pessoas de quem você sente mais saudade, seja um amigo que não está mais perto, sua mãe, seu pai. Às vezes a saudade é de você mesmo, a falta de encontrar-se uma vez mais com você e perceber aquilo que você é.

E se for preciso voltar, volte! Se for preciso recomeçar, recomece! Se for preciso dar um passo atrás, dê esse passo atrás! Mas saiba que o passo que é dado para trás é, simplesmente, a oportunidade de dar vários para frente. É isso que Deus pede, é isso o que Ele coloca dentro do meu e dentro do seu coração, que Ele hoje não arranque a saudade da sua vida, mas que o ajude a acolher a saudade como dom supremo de gratuidade e de misericórdia.

Capítulo 2

O PODER DO ABRAÇO

A cada instante percebo que Deus transforma a nossa vida como sinal de gratuidade. Uma pessoa me disse há alguns dias: "Padre, posso te dar um abraço?". E naquele momento eu pensei que aquela pessoa queria nada mais do que ser acolhida diante da graça e da misericórdia de Deus.

Abraços têm esse poder, eles são capazes de desnudar a nossa alma, de nos devolver aquilo que somos ou aquilo que foi roubado de cada um de nós. Um abraço verdadeiro junta pedaços e nos faz criaturas amadas. São nos abraços da vida que percebemos que a nossa história se recompõe. Muitas pessoas falam que a vida está difícil, destruída, mas quando chega alguém com um abraço e um sorriso, é possível lhe devolver aquilo que um dia foi roubado. É assim que acontece no abraço de mãe, de um amigo, do pai, no abraço daqueles que estão ao nosso redor. São nesses abraços que encontramos a segurança concreta. Deus o abraça de uma forma tão grande que você percebe, nesse momento, o que Ele quer realizar, são nesses abraços que os pedaços que existem dentro de cada um de nós se encontram e manifestam um amor que não tem fim.

Na presença de Deus eu quero pedir, hoje, que tenhamos abraços que nos santifiquem e que nos devolvam aquilo que somos e temos. Quero abraços que tragam a felicidade, a esperança, a certeza de que nossa vida não termina aqui. Qual foi o último abraço que você recebeu? Ou, qual foi o último abraço que você deu?

Nesses momentos percebemos que a graça do Senhor transforma a nossa existência e a cada instante eu acolho o que Deus está fazendo. É nessa moção do espírito que o coração experimenta um amor concreto e entendemos que algumas pessoas nos abraçam de forma tão terna que são capazes de nos devolver tudo o que somos. Abraços perdoam, abraços santificam, abraços trazem de volta aquilo que um dia foi embora. Abraços de despedidas, abraços de chegadas, abraços de esperanças, abraços de misericórdia.

Sabe o que eu acho mais bonito na palavra de Deus? Quando aquele filho voltou para casa, depois de ter gastado tudo, a única coisa que o pai dele fez foi correr ao seu encontro e acolhê-lo com um abraço grande. É isso que Deus faz e é isso que Deus pede cada vez que você volta. Ele o abraça toda vez que você se aproxima, Ele não pergunta onde você esteve, o que foi vivido, não importa, mas seu retorno, isso sim é importante.

Que o Senhor o abrace hoje e que nesse abraço, o mais terno, você saiba perceber o que Ele está fazendo e sentir que Deus sempre faz da nossa história um sinal de gratuidade.

Quero pessoas que se aproximam, simplesmente, para oferecer o que elas têm de melhor, que tenham a capacidade de dizer que vão e realmente caminham em direção ao nosso encontro. Nessas horas sabemos o quanto é bom gostar de quem gosta de nós. O Senhor hoje o abraça, eu o abraço, nós nos abraçamos, e dentro desse abraço tão grande percebemos que Ele está conosco. Nesse instante concreto a nossa vida se transforma em um bálsamo de misericórdia plena. Por isso, somos sinais de uma graça que não tem fim. Quero pessoas que se aproximam de forma doce e suave e manifestam o que apenas Deus pode fazer e que já faz a cada instante, devolvendo para nós aquilo que foi roubado.

Peço hoje ao Senhor que Ele possa abraçá-lo de uma forma tão plena e que nesse abraço hoje você possa sentir o que só Ele pode dar, que esse abraço seja sinal de transformação. Assim como uma mãe abraça um filho, assim como você é abraçado pelo seu filho, pelo seu marido e por aqueles que se aproximam de você. Que cada abraço faça e traga para nós uma esperança nova. Nesse abraço terno de Deus, eu peço a Ele que recomponha tudo o que está disperso na sua vida.

Os abraços nos devolvem, recompõem aquilo que está destruído, por isso eu peço a Jesus que visite o nosso coração, e com Seu abraço de Pai misericordioso nos devolva, novamente, a capacidade de reconhecer que O Senhor está no meio de nós.

Capítulo 3

SABER ENVELHECER

Um tema que muitas pessoas têm medo de falar é sobre envelhecer. Olhar para as marcas e perceber que o tempo está roubando de nós ou nos levando daquilo que um dia foi a juventude na nossa história é um pouco desafiador; ainda mais em um mundo onde são encontradas plásticas, Botox e cremes rejuvenescedores. Perdemos a oportunidade de olhar para as marcas do tempo da nossa vida e perceber que Deus grita em cada ruga, em cada cabelo branco. É só Ele que tem a capacidade de manifestar nos anos da nossa vida aquilo que foi adquirido como sabedoria.

Eu estava em um hospital para uma visita, aguardando ser chamado para a UTI. Lá dentro tinha apenas uma senhora de mais ou menos uns 90 anos. Eu a olhei e perguntei:

"O que está acontecendo? O que a senhora tem?". E ela disse:

"Ai, padre, a minha vida agora é só médico. Depois que eu fiquei velha, essa é a minha vida!". Ela continuou: "Mas eu não reclamo, porque agora eu estou vivendo tudo aquilo que eu tenho vontade de viver".

Curioso, perguntei a ela: "Como assim a senhora está vivendo tudo aquilo que sempre teve vontade de viver?" E ela me respondeu sorrindo:

"Sabe, padre, velho não tem futuro, velho só tem presente".

Essa frase me fez parar diante da minha vida e eu o convido a parar diante da sua e perceber o que Deus está dizendo. Aquela mulher não tinha perspectiva de futuro, porque a velhice gritava no seu corpo, as marcas do tempo estavam ali dizendo que ela não era capaz de fazer muita coisa e, por isso, ela tinha que viver o agora da sua vida. Isso não é sinal de desespero, mas sim do que eu sou diante daquilo que já vivi e experimentei. As experiências adquiridas me ajudam a perceber que as marcas, simplesmente, me mostram o que vale a pena, no agora: lutar pelo o que precisa ser vivido e contemplado. É no hoje da nossa história que reconhecemos que a velhice é a experiência mais linda que Deus pode nos dar.

Quando olho para um casal de idosos, noto tanta complexidade. E já percebi que quando estão juntos eles se parecem demais, tanto que revelam nas marcas do tempo aquilo que a sabedoria um dia revelou. Não tenha medo de envelhecer, mas saiba envelhecer. Não fuja das marcas do próprio tempo, mas as amenize. É preciso, como aquela senhora me disse, viver o momento presente. É preciso abraçar mais, sorrir mais, cantar mais, acreditar mais. Quando nos deparamos com essa realidade, percebemos que a velhice é somente o grito do que um dia foi vivido em nós, dizendo que tudo vale a pena.

Não sabemos o que vai acontecer no futuro, mas sabemos daquilo que pode ser agora, a partir das escolhas que são feitas. Aquela senhora me ajudou a entender que em cada ruga que ela trazia no rosto, em seus cabelos brancos e nas mãos que não escondiam as marcas do tempo existiam tantas histórias bonitas.

O que você tem para contar?

O que você tem para apresentar?

O que você tem para dizer para o outro que, simplesmente, se aproxima e o ajuda a entender o que é tempo novo diante daquilo que é velho, e o que é tempo velho diante daquilo que é novo?

Nas marcas do tempo percebemos que o Senhor nos diz o que é necessário. Eu não tenho medo de envelhecer; na verdade, eu quero saber envelhecer. Eu não quero ser aqueles velhos ranzinzas, que só reclamam, e espero que você não seja assim também. Eu quero envelhecer e poder dizer que tudo valeu a pena, pois o que eu vivi foi vivido com intensidade, aquilo que eu experimentei foi com intensidade. Faça uma plástica, mas faça uma plástica na alma, porque é isso que nos torna jovens eternamente.

Aquela senhora me disse que velho não tem futuro, só o presente; e me contou que todos os dias ia no forró; pode parecer engraçado, mas ela nunca perdia a alegria de ser quem ela realmente era. "Eu rezo muito, mas eu não quero deixar de viver. Eu rezo muito, mas eu quero experimentar aquilo que a vida ainda pode me oferecer", ela falava.

A velhice nada mais é do que a experiência concreta do amor de Deus gritando em nós. Você deve ter avós, e mesmo se não tiver, simplesmente reze por eles, porque quando os olhamos vemos as marcas e percebemos que Deus grita ali e fala de uma sabedoria que foi contida, que foi guardada em palavras que nós nem imaginamos.

Deus diz para você hoje: "O futuro? O futuro nada mais é do que as escolhas que nós fazemos no nosso presente". Escolha bem, viva bem, esteja com aquelas pessoas que o fazem bem e redescubra que, em cada marca da sua história, Deus mostra aquilo que é o mais bonito da sua vida.

A nossa alma nunca envelhece, então, não seja um velho de coração. As marcas do tempo podem até levar a juventude, mas ninguém nunca pode roubar de você a alegria que está dentro do seu coração. É essa a verdadeira juventude, saiba envelhecer. Mesmo que o tempo leve a nossa força e energia, não levará a nossa capacidade de contemplar o que há de mais bonito em nossa caminhada.

Guardo aquela frase até hoje e sei que ela tinha razão, porque ela estava vivendo tudo aquilo que Deus tinha preparado para ela. O futuro estava ali, em cada ação, em cada gesto, em cada abraço, em cada sorriso, em cada pessoa que se aproximava, em cada fala, nos ajudando a ver que Deus nunca envelhece. É na graça Dele que caminhamos nessa eterna juventude, vivenciando a experiência do amor de Deus.

Pare diante de uma pessoa mais velha e a escute, sinta o cheiro, abrace-a, e perceba que em cada palavra existe, na verdade, a experiência de um amor que não tem fim. Que na graça de Deus, saibamos entregar a nossa vida e viver o momento presente, para que lá na frente, já com idade avançada, possamos dizer "como é bom chegar até aqui!".

Capítulo 4

CICATRIZES

A cada momento da nossa história, quando nos abrimos para compreender aquilo que Deus faz, percebemos que muitas marcas vão permanecer na nossa vida. São as cicatrizes que nos relembram o que somos e o que temos diante de Deus. De vez em quando, algumas cicatrizes aparecem na nossa história para nos ajudar a perceber que mesmo nas marcas da dor existe a possibilidade de vencer.

Nossa história é assim, com o passar do tempo entendemos que as circunstâncias são dessa forma, as marcas são deixadas para que possamos compreender o que Deus quer realizar. Marcas de alegria, de dores, marcas que foram seladas com o próprio compromisso da entrega e marcas que ficaram no próprio corpo, como algo que foi superado.

Há algum tempo, eu atendi um menino com uma profunda mágoa, uma cicatriz física enorme. O nome dele era Igor e sua mão havia sido cortada. Ele me falou que tinha essa cicatriz, e toda vez que olhava para ela percebia que podia ser vitorioso. As cicatrizes nos ajudam a perceber que aquela dor um dia foi vencida. Vencida sim, mas não esquecida, ela permanece. Existem dores que não esquecemos, que não conseguimos nos livrar, mas elas ficam demarcadas eternamente para nos ajudar a entender que é preciso vencer em cada circunstância da nossa vida. Quando eu olho para cicatrizes da minha história, percebo que posso vencer tanta coisa, que posso estar diante de tantas coisas.

Cicatrizes me ajudam a perceber que algo já passou, que eu sou muito maior do que aquilo que um dia me machucou. Cicatrizes são marcas que nos levam ao mais bonito da nossa história, são marcas do eterno, que mostram para nós sinais de superação.

Eu posso até ter cicatrizes, mas diante de Deus eu sempre serei inteiro. É nessa inteireza que compreendemos que as dores passam, são superadas quando você olha para as marcas da sua história e vê que ali, nas entrelinhas da sua vida, Deus escreve uma história nova.

Não consigo compreender as pessoas que focam somente nas dores e nas cicatrizes, pois Deus nos diz: "Olhe para essa dor, mas saiba olhar para frente, saiba vencer os desafios. Olhe para essa dor e saiba que ela passa, olhe para essa dor e tenha coragem e ousadia de dizer que superou tudo". Dói, machuca demais, mas hoje estamos diante do Deus que transforma toda a nossa existência.

As piores marcas não são aquelas que ficam no nosso corpo, são aquelas que estão na alma, que nos machucam, que nos ferem, que nos impedem de olhar para os sonhos de Deus e não permitem que vejamos que a vida pode ser transformada. Temos que ter a capacidade de olhar para as nossas marcas e, simplesmente, dizer: "São Suas, Senhor, eu Lhe entrego, eu Lhe ofereço".

Quantas marcas você tem?

Quantas cicatrizes você tem?

Às vezes, não temos nenhuma cicatriz no corpo, porém muitas dentro do coração. Os corações cicatrizados nos ajudam a perceber que pedaços foram arrancados, mas que existem buracos ali para serem preenchidos com muito amor. Um coração que não tem cicatriz é um coração que não aprendeu a amar, que ainda não entendeu o sentido concreto de poder lutar e de poder vencer diante de Deus.

Então, olhe para suas cicatrizes hoje, olhe para as marcas da sua vida e comece a perceber que são elas que dão a possibilidade de enxergar o que você não consegue. Existem tantas coisas lindas que aprendemos nas marcas da nossa história, que permitem que nos reinventemos a cada dia.

São nessas marcas que somos eternizados, diante daquilo que só Ele pode fazer nossa história. Olhe hoje para as marcas da sua vida. Olhe para suas cicatrizes e faça delas uma expressão de amor. Quando você fizer essa experiência de amor, você vai pode voar mais alto, porque nós confiamos Naquele que se manifesta em cada um de nós. Peça hoje por aquilo que, muitas vezes, dói no seu coração, mas peça para que Ele o leve até a liberdade.

Cicatrizes profundas são possibilidades de olhar para a nossa história e perceber que nós vencemos, e em cada marca que fica temos a certeza de uma vitória diante de Deus e sua graça.

Olhe para sua história e veja que as cicatrizes da sua alma, simplesmente, o levaram ao mais bonito. Assim como aquele menino que não tinha mão, para Deus somos inteiros. As suas marcas não o impedem de ser o que você sonha em ser; sendo assim, olhe para aquilo que o machucou e perceba que existe uma expressão completa do amor de Deus.

Capítulo 5

A CURA PELO PERDÃO

Em cada momento o perdão chega ao nosso coração. Jesus já nos falou tantas vezes que é preciso perdoar sempre, perdoar de forma infinita e tantas vezes nós já escutamos falar sobre o perdão. Parece ser tão simples, mas hoje precisamos nos abandonar diante daquele que é o perdão por excelência. Temos que mergulhar na misericórdia do Senhor e provar das belezas que emanam do nosso ser.

Perdoar nem sempre é fácil. É tão difícil quando somos magoados, é tão complicado quando somos feridos. Sempre temos que perdoar? Sempre temos que ir atrás? Sempre temos que dar uma nova chance? Perdoar é simplesmente abrir-se para aquilo que não compreendemos, é mergulhar nesse projeto de Deus que nos dá a possibilidade de enxergar o que somos.

Quem nunca errou?
Quem nunca se equivocou?
Quem nunca caiu?

Então aprendemos que a única coisa que Deus nos pede é olharmos para o outro com a misericórdia infinita. Muitas pessoas falam que não conseguem esquecer, mas aprenda: perdoar não é esquecer. Perdoar é ter uma atitude de misericórdia, pois quando ocorre o perdão a cura chega na nossa vida, na nossa história. Tenho vivido tantas experiências desse perdão, tanta graça que me foi concedida contemplar para, simplesmente, mostrar que Deus age.

Certa vez, fiz uma visita a uma criança que estava com câncer, filha de dois médicos bem renomados. Ela estava na UTI havia mais de três meses e quando cheguei para rezar com aquela família, a única coisa que eu consegui perceber foi que faltava perdão naquele lugar. Olhando para a mãe da criança eu disse que a irmã dela precisava ser perdoada e ela me disse que não era possível, pois a irmã nunca tinha visitado a criança na UTI. Então, ela me contou o que tinha acontecido e me disse que quando estava grávida a irmã dela falou que nunca iria no mesmo lugar em que ela estivesse, e, por isso, ocorreu uma grande briga.

Já o pai, me olhando, falou que se fosse preciso buscar a irmã da mulher, ele iria, ele faria qualquer coisa. Então ele foi e quando a mulher entrou na UTI, as duas irmãs, naturalmente, se abraçaram e se perdoaram. E naquele momento eu soube que a graça começava a entrar na vida deles. Também foi a partir daquele momento que Deus começou a realizar uma obra nova. Olhando para aquele pai eu disse que eles poderiam aguardar porque naquele mesmo dia a criança estaria em casa com eles. Durante a tarde os médicos deram alta para ela e a única coisa que aconteceu de diferente foi o perdão que foi dado na gratuidade.

É isso que Deus, em muitas situações, pede para mim e para você: às vezes, a única coisa necessária é olhar com misericórdia para o outro, pois enquanto não houver perdão não existe a graça. Aquela mãe percebeu que era preciso voltar onde ninguém mais poderia, que era preciso dar um abraço, se reconciliar. Enquanto guardamos os momentos de tristezas e angústias, não conseguimos comtemplar aquilo que tem no outro.

Você pode até achar difícil, e realmente é, mas não é impossível, por isso, exale perdão, que a graça chegará de forma plena na sua vida. Aquele menino voltou para casa só depois daquelas duas irmãs terem se encontrado. Talvez, a única coisa que Deus esteja pedindo neste momento é um encontro verdadeiro de você com você mesmo. Por que guardamos tanta mágoa? Por que perdemos tanto tempo com coisas que, muita vezes, não levam a nada?

O mais bonito é quando conseguimos abraçar o outro, quando morremos para o nosso egoísmo e dizermos: "Estou aqui e lhe perdoo". O perdão liberta, o perdão santifica, e não peço a você para esquecer, você nunca vai esquecer, mas você vai ter um olhar de misericórdia, e um olhar de misericórdia cura, liberta, nos devolve à própria vida diante Daquele que é o perdão por excelência. Jesus poderia pedir: "Pai acabe com todos eles", mas as últimas palavras dele foram: "Pai, perdoa-lhes, eles não sabem o que fazem".

E é por isso que eu peço:

> Senhor, que neste momento Seu perdão desça sobre esta vida, sobre esta história; que faça descer sobre a sua casa todos os sinais de perdão. Aquilo que é mais difícil de ser perdoado, que seja agora arrancado do seu coração, aquilo que seja mais difícil de ser perdoado que seja arrancado da sua vida, aquilo que é mais difícil de ser perdoado que seja libertado da sua história. Eu peço ao Senhor neste momento que derrame sobre você e sobre a sua vida todos os dons de graça. Perdoai e sereis perdoados, perdoai sempre e a graça permanecerá na

sua vida. Que toda graça, que todo dom que vem do Senhor possa estar sobre a sua vida.

E eu peço a Jesus que cada um de nós saibamos acolher o Seu perdão como sinal de Misericórdia plena por Cristo Senhor nosso.

Capítulo 6

DEIXAR IR EMBORA

Algumas coisas na nossa vida não acontecem de uma hora para outra. Durante a transitoriedade da nossa própria existência compreendemos que a vida nos prepara para enfrentar situações com escolhas preciosas. Existem momentos em que escolhemos entre ficar e ir embora. Muitas pessoas se colocam ao nosso lado para ficar, mas outras, simplesmente, são passageiras.

O mais bonito, talvez, seja perceber o que Deus quer realizar. O que eu mais gostaria era de olhar pelo telescópio da vida e perceber que existe um planeta chamado sinceridade, onde há pessoas que vivem ali e trazem dentro do próprio ser a verdade, esta que parece que não encontrarmos mais por aqui.

É tão complicado deixar ir embora aquele ou aquilo que amamos e parece ser tão precioso em nossa vida; contudo, não precisamos mandar nada ou ninguém embora, elas vão sozinhas, pois o que não é verdadeiro não permanece conosco. Quando a verdade falta, é sinal que é preciso deixar ir. A vida nos ensina quem fica e quem vai embora, nossa cabeça muitas vezes compreende que é necessário ir, mas o coração, às vezes, pede para ficar.

Quem já foi embora da sua vida?

Quem já partiu algum dia?

Quem que você achava que ficaria eternamente?

Há vários momentos que vamos ter que nos distanciar, pois deixar ir também é amar. Quando eu amo de verdade, sou capaz de deixar ir e é nesses momentos que Deus nos mostra que, primeiramente, eu preciso me encontrar comigo mesmo. Quando isso acontece, eu sou capaz de deixar ir aquilo que não me traz leveza, que não faz mais sentido. Sou capaz de parar de carregar, nas malas da vida, o que não me acrescenta mais. Você já parou para observar que quando vamos viajar colocamos tantas coisas dentro das malas e, às vezes, nem usamos tudo?

Só coloque na sua vida o essencial, deixe partir o que não traz a capacidade de ser você mesmo, o que não dá segurança e que não permite que você caminhe de acordo com aquilo que Deus está pedindo. Só segure nas mãos daqueles que, de verdade, são capazes de continuar ali, segurando forte, ajudando você a perceber aquilo que você é. Quando isso acontecer você vai entender que tudo valeu a pena, pois só vale a pena quando permitimos. Se um dia tiver que voltar, que volte diferente, transformado; se for para retornar para sua vida, que seja para fazê-lo sorrir.

Escolha aquilo que é mais importante na sua história, pois são suas escolhas. Só você precisa saber o que ganha e o que perde. Quem quer ganhar sempre nunca vai ter alegria de perceber o que um dia foi perdido e dar valor para o que foi ganhado. Por isso, deixe ir, é preferível deixar partir do que ser partido.

Peço ao Senhor que o ajude a perceber o que é essencial na sua vida, que o auxilie a contemplar Aquele que transforma, que o ajude a ver o que deve permanecer. Se não tiver que permanecer, que naturalmente, aceite e diga até logo, pode ir, e continue o seu caminho. Quando nós compreendemos isso, percebemos que aquilo que fica na nossa vida é o que, de verdade, nos faz ver a grandeza de ser aquilo que grita em cada um de nós. Se não for nada disso, simplesmente entregue e deixe esse Deus ser tudo na sua história.

Capítulo 7

AS CRUZES DA NOSSA VIDA

As cruzes da nossa história permeiam o nosso caminho e nos ajudam a perceber que depois de cada uma delas existe a possibilidade de ressurreição. Uma das experiências mais lindas que eu já vivi foi uma experiência de entrega profunda, onde percebi o que as cruzes da nossa existência podem fazer.

Eu estava me preparando para uma celebração da Santa Missa e, anteriormente, tinha dito que todo mundo deveria fazer uma penitência na Quaresma, que deveria ser entregue no dia da Páscoa. Naquele dia, um menino bem pequeno me perguntou:

"Padre, eu também preciso fazer penitência?"

Olhei nos olhos dele e disse que sim, que todos nós temos que fazer. Ele guardou essas palavras no coração e me perguntou novamente:

"Que penitência eu posso fazer?"

Eu apenas disse que a penitência deve ser de algo que ele goste muito e que deveria colocá-la diante de Deus. O menino parou e começou a pensar no que poderia ser essa coisa, então me disse:

"Já sei, padre! Vou fazer uma penitência e deixar de jogar videogame, que é a coisa que eu mais gosto."

Então, falei a ele que nessa penitência também era preciso colocar uma intenção, e ele me respondeu:

"Eu quero rezar pela minha mãe, ela tem um câncer nos rins e os médicos disseram que ela não vai mais viver."

Olhei para aquele menino e perguntei: "Sua mãe te disse isso?".

E ele me respondeu que sim e era esse o motivo de ele apresentar sua mãe diante de Deus.

"Se eu pedir, padre, a minha mãe vai ser curada?", ele me perguntou.

Respondi que tudo aquilo que colocamos com amor diante de Deus é transformado.

Após a missa, já em minha sala, reparei que aos pés da cruz enorme que fica em minha parede estava o videogame daquele menino. Isso me tocou de uma forma tão grande que percebi que na nossa vida temos que ser capazes de deixar tudo diante da cruz, assim como aquela criança fez. Talvez seja isso que Deus nos pede, colocarmos diante da cruz aquilo que mais oprime o nosso coração, o que nós não entendemos, as nossas dores e tristezas, o nosso impossível. Quando eu me coloco diante da cruz, Deus simplesmente transforma e me dá a graça de entender que esse gesto é uma entrega de amor.

Passou-se a Quaresma, mas tudo aquilo ficou dentro do meu coração. Na Sexta-Feira Santa, durante a celebração das 15 horas, eu estava dando a bênção quando avistei o menino. Ao final na missa ele veio até mim e disse:

"Padre, cadê meu videogame?"

Respondi que quando deixamos algo na cruz, não podemos pegar de volta, tem que ficar lá para sempre. Então ele me explicou que estava perguntando só por curiosidade, pois o que ele realmente queria era me apresentar uma pessoa, a mãe dele. A mulher parou ao meu lado e revelou:

"Padre, eu não sei o que aconteceu! Eu briguei com esse menino, perguntei onde estava o videogame, porque pensei que ele tivesse vendido, mas hoje eu entendo."

Ela me mostrou os exames, já não havia mais câncer.

Começamos, desse modo, a compreender como Deus transforma tudo e realiza o sinal da graça em nossa história. Quando você é capaz de colocar sua vida diante da cruz, eu tenho certeza que Deus faz, como fez com aquela criança. Então não fique reclamando, apenas entregue que Deus transforma e nos dá as respostas. As cruzes nos são dadas para que possamos carregá-las na incerteza da nossa vida, mas nenhuma cruz pode ser comparada às coisas que o Senhor enfrentou. Por isso, coloque tudo diante da cruz e entenda o que vem de Deus. Peço ao Senhor que o abençoe e que dê a você a oportunidade de experimentar uma grande graça. A sua cruz na cruz do Senhor torna-se muito mais suave.

Não seja cruz para ninguém, mas seja aquele que ajuda o outro a levar a sua cruz quando estiver muito pesada, e quando estiver muito difícil, não desista, olhe para cruz e diga: "Vitória, Tu reinarás. Ó, cruz, tu nos salvarás". Que a sua cruz se encontre com a cruz de Cristo e que possa ser aliviada a cada dia. Que a bênção do Senhor possa recair sobre a sua vida e sobre a sua história. Carregue a sua cruz com alegria e experimente a ressurreição que vem do Senhor.

Capítulo 8

É PRECISO SABER VIVER

Talvez a nossa principal questão seja saber viver de uma forma que o coração seja inteiramente livre para que possa encontrar o caminho da felicidade. Só assim poderíamos dizer o que o coração quer expressar. Existem tantas pessoas que me perguntam como deveriam viver, de qual maneira deveriam viver. Aquele que sabe viver é aquele que sabe perdoar, pois a vida é uma entrega profunda na qual aprendemos com Deus o que podemos fazer e o que ainda precisa ser feito.

Será que você sabe viver de verdade?
Será que seu coração sabe onde repousar?
Será que você sabe onde entregar aquilo que precisa ser entregue?
De que forma você está vivendo?

Deus quer, simplesmente, tocar em nossas vidas. As pessoas dizem que o que tiver que ser, será. Eu não acredito nisso! Acredito que o que for para ser, só será se colocarmos um pouco de nós em cada ação, se nos entregarmos. Somente assim a vida terá um sentido diferente.

Parece que o tempo, muitas vezes, estaciona no que deveríamos resolver e a vida continua exigindo de nós respostas concretas. Por isso, não perca tempo com aquilo que não o faz sorrir, com o que rouba sua paz, com coisas que não torna sua vida mais leve. Aquilo que tiver que ser, só será se você colocar o seu melhor, se você entregar sua vida em sinal da misericórdia de Deus.

A vida é cheia de pedras e espinhos, mas ela reserva muitas surpresas. Faça dessas pedras sinais de um caminho que precisa ser trilhado, faça dos espinhos aprendizados profundos, nos quais você possa encontrar aquele que transforma tudo. Quer saber viver? Ame mais; no entanto, não ame desejando que o outro seja aquilo que você pensou, pois dessa forma você só amará o reflexo que construiu. Ame a individualidade do outro.

A vida é o dom mais precioso que Deus nos deu, por isso, é necessário amar, de forma incondicional, aqueles que estão do seu lado. Desse modo, colocamos a nossa vida como sinal da misericórdia de Deus para que Ele a transforme em sinal de gratuidade. Não tenha medo, se lance e viva com o coração mais aberto possível, transforme as pessoas que estão ao seu lado em sinais de graça e leve alegria, sorrisos, esperanças e a certeza de que a vida é curta e, por isso, deve ser vivida com intensidade. Pare de reclamar daquilo que acontece na sua vida, pare de querer mudar tudo de uma hora para outra, existem momentos que nós temos que aceitar aquilo que a vida nos oferece, a fim de transformar em sinal de bênção na nossa história. A sua vida é um dom precioso, é sinal de graça, é resplendor que vem do Senhor.

Quando tudo se transforma, nós começamos a sorrir mais, a brincar mais e a perceber que tudo é expressão da gratuidade de Deus. Aprendo que a nossa história se transforma a cada dia quando eu acordo, quando me levanto, quando me deito e quando digo: "A minha vida é um dom precioso, a minha vida é graça diante do

Senhor". Então viva e deixe viver. O salmista diz: "Eu coloco a vida e coloco a morte". Escolha a vida e experimente aquilo que o senhor tem para você. Você pode até falar: "Ah, padre, minha vida está tão complicada". Não está, ela pode ser descomplicada quando você deixar inteiramente o seu coração presente diante da graça do Senhor.

Eu quero que essa bênção alcance o seu coração, e ajude você a perceber que só sabem viver aqueles que sabem amar, que sabem perdoar, que, verdadeiramente, se abrem para acolher a graça do Senhor. Por isso, todos os dias, cante, sorria, abrace mais, perdoe mais, envie a mensagem que precisa ser enviada e aprenda: é preciso saber viver.

Capítulo 9

VERDADES

As verdades são experiências que nos ajudam a entender aquilo que Deus quer transmitir na nossa vida. O que é mais importante, talvez, seja abrir o coração para se aproximar de pessoas para as quais seríamos capazes de mostrar o que somos, revelar o que temos e manifestar o poder de Deus na nossa vida.

Apenas aproxime-se de alguém se você for capaz de mostrar aquilo que verdadeiramente você é. Na experiência da nossa vida, nós compreendemos que a graça de Deus simplesmente evidencia o que somos e o que temos e revela a cada um de nós a experiência da gratuidade. Ser verdadeiro no mundo de hoje talvez seja a coisa mais difícil, contudo, ao mesmo tempo, somente com as verdades nós somos e vivemos livremente, pois ser verdadeiro é uma virtude, é abrir o coração para acolher o outro naquilo que ele apresenta, no que grita dentro da sua história.

Uma vez, eu estava na paróquia e uma senhora veio até mim e disse:

"Sabe, padre, eu sou muito verdadeira, tudo aquilo que eu tenho que dizer eu digo. Esses dias mesmo, chegou uma pessoa e eu falei toda a verdade que devia ser dita para ela, disse tudo, falei tudo o que eu pensava."

Olhando para mim, ela perguntou o que eu achava disso. Eu disse para aquela mulher:

"Minha santa, na verdade você é uma pessoa estúpida."

As verdades podem ser ditas todos os dias, mas saiba a maneira de dizê-las, pois elas foram criadas para que possam ser ditas com misericórdia. Somente com essa miscricórdia conseguimos chegar ao coração do outro e compreender que toda a misericórdia brota do Senhor, só assim compreendemos o que Deus quer fazer em nossa história.

Muitas pessoas me falam que foram tão verdadeiras que mostraram para o outro, tantas vezes, a sua verdade, na esperança que ele pudesse sentir e mostrar sua verdade também. Mas muitas pessoas mentem. Vivemos hoje em um mundo cheio de falsidade e mentiras, no qual pessoas fingem ser o que não são, onde imagens são distorcidas e não nos permitem ver a beleza que o outro carrega.

Por que será que as pessoas mentem tanto?

Por que elas não conseguem ser verdadeiras?

Por que elas não abrem o coração e deixam sair o que grita dentro delas?

Por que dizem que estão bem, se na verdade o coração não está bem?

Por que estou sorrindo o tempo inteiro, se na verdade o que queria gritar para o mundo inteiro pedindo ajuda?

O Senhor nos pede hoje que sejamos verdadeiros, que sejamos aqueles que trazem a paz, para que dessa forma possamos compreender que Deus, simplesmente, quer transformar a nossa vida. A verdade nos leva ao encontro de nós mesmos. A verdade dói, mas só ela nos ajuda a perceber que o essencial é aquilo que nós não vemos com os nossos olhos.

Qual é a sua verdade?

Ou quais são as suas verdades?

São nos encontros de verdades que percebemos que Deus quer nos levar ao mais profundo de nós. Aquela mulher, que achando que dizendo tudo estava sendo verdadeira, estava, na verdade, abrindo feridas profundas. E as verdades podem até abrir tais feridas, porém elas devem nos ajudar a perceber o que você tem de mais bonito.

Quantas vezes você já fingiu?

Quantas vezes já fingiram para você?

Quantas vezes mentiram para você?

Ele é o caminho, a verdade e a vida e quando nós percebemos isso, o nosso coração se alegra e reconhecemos que Deus pede a nossa verdade. Não pare no tempo, ou em um mundo que nos quer enganar. Olhe para a frente e veja além daquilo que ninguém vê. São nesses momentos que a verdade resplandece, pois tenho a capacidade de reconhecer que errei, mas que a verdade está gritando dentro de mim. É assim que Deus nos dá uma nova chance.

Quantas vezes você já se decepcionou?

Quantas vezes alguém já mentiu para você?

Por que você não disse aquilo que deveria ter sido dito?

Só assim compreendemos que a nossa verdade grita em nós, ela não precisa ser falada, ela, simplesmente, precisa ser vivida, precisa ser mais do que palavras, e sim gestos concretos, pois as palavras passam, elas se vão, mas as atitudes permanecem.

Permanece na sua vida apenas aquilo que é de verdade. Por isso, não tenha medo de ser verdadeiro, abra o coração para deixar esse Deus manifestar poder na sua vida. São as verdades que nos aproximam Dele. Somente as verdades que aproximam os outros, ou que distanciam de nós aquilo que não precisa mais ficar.

É no encontro das nossas verdades que percebemos o que é verdadeiro e que grita dentro da nossa existência. Não tenha medo, não tenha dúvidas, naturalmente se abra para a verdade que leva para a libertação. Quando não forem verdadeiros com você, simplesmente afaste-se e deixe caminhar, porque só pode ficar na sua vida o que for verdadeiro. E que o Senhor possa derramar sobre a sua história, todo o sentido da verdade, que Ele possa o ajudar, a cada dia, a perceber, no espelho côncavo da vida, o reflexo mais bonito daquilo que você é.

Capítulo 10

DÚVIDAS

As dúvidas gritam dentro do nosso coração, por isso, existem certezas que, muitas vezes, nós não compreendemos. Algumas dúvidas não nos permitem caminhar naquilo que é proposta de Deus, e nos afastam do nosso sagrado.

Você já teve dúvidas?
Você já teve dúvidas em relação à sua fé?
Você já teve dúvidas em relação a Deus?
Por que isso aconteceu agora?
Por que estou passando por essa situação?

Às vezes nos perguntamos por que Deus deixa certas coisas acontecerem. As dúvidas gritam dentro da nossa história, dentro do nosso cotidiano, mas em cada resposta nós encontramos o que Deus tem para cada um de nós. As dúvidas existem para que tenhamos a coragem de descobrir aquilo que é a verdade absoluta dentro de nós.

No meu coração está o que Maria experimentou naquele momento tão forte, quando o anjo chegou até ela e falou:

"Menina, eis que você encontrou graça diante de Deus, você vai conceber, pela graça do Espírito Santo."

Maria olhou para aquele anjo e, simplesmente, perguntou: "Como isso vai acontecer? Se eu não conheço nenhum homem?"

Ela não duvidou, ela apenas questionou. Nós podemos perguntar algumas coisas para Deus, mas sem duvidar do que Ele pode fazer.

Maria, espontaneamente, se abandonou e deixou que a graça do Senhor acontecesse na vida dela, mesmo sem entender muitas coisas. Nossa vida tem que ser assim, existem diversos fatos que não vamos entender em um primeiro momento, mas nunca duvide do que Deus pode realizar. Nunca duvide daquilo que Ele pode fazer e do que Ele já está realizando na sua história, pois a dúvida nos paralisa e não deixa a graça acontecer.

A dúvida não permite que o amor do Senhor se manifeste na nossa história, por isso, um coração cheio de dúvidas é um coração despreparado para acolher a palavra de Deus. Você não precisa entender tudo, apenas acredite e se lance no coração de Deus, deixando que Ele realize o que precisa ser realizado. Como uma criança que está começando a andar, o pai fica de longe e a chama, a criança se enche de alegria e vai, porque ela sabe que lá na frente existe alguém que irá segurá-la. Hoje eu peço ao Senhor que elimine todas as suas dúvidas, porque no final da história, no final da nossa caminhada, Ele estará lá de braços abertos.

Muitas pessoas falam "Jesus, eu confio em vós", mas na hora de realmente confiar e entregar o coração não são capazes de oferecer tudo. A dúvida, simplesmente, impede de ver aquilo que só o coração pode mostrar; a dúvida não nos deixa compreender a graça que vem do Senhor. É isso que Ele diz a cada dia, a cada dor, a cada sofrimento e a cada angústia, e que nos leva a ter certeza de que existe um Deus que passa ao longo da nossa caminhada e transforma a nossa vida.

Escuto muitas pessoas falarem: "Padre, por que estou passando por isso? Por que esse câncer está na minha família? Por que essa doença? Por que a minha família está sendo destruída?" Nessas horas, parece que Deus não faz nada, mas no momento em que a sua dor aumenta, Deus também a sente, quando você chora, Deus também chora com você.

Dúvidas são transformadas em certezas diante Daquele que tudo transforma. Nesses momentos, percebemos que Deus tem as respostas para tudo. Não duvide de Deus, questione, pergunte sempre e se tiver que brigar, brigue, mas vá para o colo Dele, pois só assim você percebe que existe uma graça sempre maior, um poder que ultrapassa todas as barreiras e nos mostra que, a cada segundo, Deus permanece ali ao nosso lado.

Você pode até dizer:

"Por que Deus não age?"

"Por que Deus não faz?"

"Por que Deus não realiza o que precisa ser realizado?"

Deus está apenas aguardando o momento certo de poder concretizar na sua vida aquilo que são sinais da Sua promessa. Quando eu duvido, eu mato o que é o desejo de Deus na minha vida. Maria confiou, quando ela já não tinha mais forças e não sabia mais o que fazer, ela simplesmente disse: "Eis aqui a serva do Senhor, faça-se em mim segundo a Tua palavra".

E cada vez que você disser: "Eis aqui o Teu servo, eis-me aqui, Senhor, com a minha dor, com a minha fraqueza, com as minhas dúvidas e com as minhas incertezas". Ele simplesmente pede para que você coloque tudo nas mãos Dele, o que machuca, o que dói, o que você não compreende. Coloque tudo isso nas mãos de Deus, pois é nessas mãos que a graça acontece.

São nessas mãos ensanguentadas que percebemos que não precisamos duvidar daquilo que Deus faz, pois o que Ele mais ama fazer é transformar as nossas dúvidas em certezas. Quando pensamos que algo nunca fosse acontecer, quando não acreditamos, quando duvidamos, Deus estava lá, com seu braço forte para reerguer, transformar e dar as respostas.

O nosso coração precisa estar aberto diante de tantas dúvidas e medos, por isso, corte tudo o que nos impede de ver as maravilhas de Deus, tudo aquilo que não nos deixa compreender as certezas que brotam do coração que confia, plenamente, em Deus. Quando isso acontecer poderemos cantar em alto e bom tom. Podemos até duvidar de algumas pessoas que nos machucaram e não foram sinceras, mas não duvidemos do que Deus pode fazer, as promessas que Ele tem para cada um de nós, são sinais de graça que transforma nossa vida em gratuidade. Quando isso acontecer as dúvidas desaparecerão e as certezas se tornarão expressão de um amor que não tem fim. Que o Senhor arranque do nosso coração todas as dúvidas e incertezas, e que nos faça perceber que quando colocamos tudo diante Dele, tudo é transformado.

Capítulo 11

DECEPÇÕES

O amor nos localiza naquilo que somos e no que temos de mais bonito.

As pessoas sempre me perguntam: "Por que quem mais amamos são aqueles que mais nos decepcionam?". A decepção surge a partir do momento em que nós criamos expectativas sobre alguém, pensando que aquilo que é amado, ou o que é desejado, tem que, simplesmente, responder aos anseios que gritam dentro do nosso coração. As decepções existem para que nós possamos compreender que, no jogo vida, a única coisa que o Senhor pede é que tenhamos a capacidade de olhar para o que somos e temos e perceber que a decepção é, somente, uma resposta que precisa ser dada a nós mesmos.

Já foi possível constatar que nos decepcionamos porque queremos demais? Porque somos exigentes e queremos do outro aquilo que nem nós mesmos somos capazes de oferecer?

Já decepcionamos alguém?

Quando decepcionamos uma pessoa não é porque nós não a amamos, mas é porque, muitas vezes, nós não tivemos a oportunidade de alcançar a expectativa daquela pessoa. O mais bonito da vida é perceber que eu não preciso alcançar o que ela deseja; no entanto, preciso de ajuda para alcançar aquilo que um dia foi desejado.

De vez em quando, as decepções nos ajudam a perceber que nós somos frágeis, que somos imperfeitos. Tem pessoas que se culpam e dizem: "Eu fui tão decepcionado, por que eu esperei tanto? Eu fui tão decepcionado, por que me entreguei tanto?".

Mas quantas vezes você já decepcionou alguém?

Quantas vezes você não correspondeu às expectativas de alguém?

No jogo da vida nós somos convidados a acolher o outro naquilo que ele é, na fragilidade que ele carrega, nas alegrias, nas tristezas que emanam do coração, mas que os ajudam a perceber que a vida é assim: um dia você acerta, outro dia você erra. Decepção, muitas vezes, é não deixar com que o outro seja aquilo que ele precisa ser.

Eu sempre digo, tem coisas que não perdemos na nossa vida, mas que nos livramos. Decepções sempre vão existir a partir do momento que não tivermos a capacidade de olhar para o outro e perceber que ele não precisa ser perfeito, somente verdadeiro.

Decepções chegam e passam, outras surgem e vão embora, mas elas sempre aparecem, porque você sempre tenta de novo, sempre se arrisca de novo. E a vida é assim, com o passar do tempo encontramos a certeza de que algum dia conseguiremos achar alguém para entregar o nosso coração. Às vezes demora, às vezes nos machuca, mas são nas nossas feridas que aprendemos que o único que não decepciona é Deus.

Muitas pessoas já falaram que foram decepcionadas por Deus, porque Ele não as escutou, não falou com elas, não deu as respostas e as abandonou. Deus nunca nos abandona, mas Ele não tem obrigação de fazer aquilo que eu quero, na hora que eu quero, no momento em que eu desejo. Somos nós mesmos que criamos as decepções, que as produzimos a cada dia, e elas surgem quando o seu coração não consegue ser inteiro.

Às vezes, a decepção pode ajudar a perceber o que é o essencial na própria história. Quem nunca foi decepcionado é porque nunca viveu, nunca amou. As pessoas que mais amamos são aquelas que mais nos decepcionam porque pedimos tudo a elas, e não sabemos oferecer tudo de nós. Queremos muito delas e não sabemos entregar muito de nós. A decepção é a resposta daquilo que grita em nós, pedindo para ser encontrado e completado.

O outro não tem obrigação de atender o que o seu coração necessita. Você apenas não se decepcionará se, de verdade, não quiser se relacionar, pois toda relação pode levar a um grau de decepção. Então aprendemos que uma decepção somente é vencida quando acreditamos novamente, quando amamos o que o outro é sem exigir demais, pois quando você ama alguém a partir daquilo do que é desejado por você, tão somente o reflexo de sua expectativa é visto e, assim, a decepção surge.

Se você não quer se decepcionar, acolha a fragilidade do outro e saiba ajudar. Perceba que ele é muito maior do que aquilo que você espera. Quando isso acontece, você pode olhar para Deus e dizer que Ele o ama profundamente.

Que o Senhor possa curar todas as suas decepções, que o Senhor possa lhe mostrar que a vida vai além daquilo que você espera, que nas decepções da vida você aprenda a ser aquilo que você é, que nas decepções da história você comece a fazer escolhas melhores. Não decepcione e não seja a causa de decepção para ninguém, mas seja, simplesmente, o que você é, na sua verdade, na sua entrega. Desse modo, o amor prevalece e a decepção desaparece.

Capítulo 12

SOLIDÃO

A vida tem seus mistérios, suas perguntas e suas indecisões. O maior medo da maioria de nós é da solidão, de ficar sozinhos, de não encontrar alguém que possa caminhar conosco, que possa estar ao nosso lado, que possa sonhar os mesmos sonhos que os nossos. Muita gente vive rodeada de pessoas, mas, mesmo assim, se sente sozinha. A solidão não é, simplesmente, a ausência de alguém; na verdade, é a ausência de nós mesmos, que insistimos em buscar alguém que complementa a nossa vida.

Aquele que tem medo de ficar sozinho não encontra com o que Deus quer e não sabe encontrar as respostas que Deus tem para ele.

"Gostaria tanto que surgisse uma pessoa de Deus na minha vida."

"Eu gostaria tanto que aparecesse uma pessoa que fosse boa."

"Eu gostaria tanto de encontrar a pessoa certa."

Mas quantas vezes você já pediu isso para Deus?

Então, escutamos da própria boca de Deus que para encontrar a pessoa certa é necessário abandonar aquelas que são as incorretas e isso exige de nós uma entrega profunda, um abandono em Deus.

A solidão é apenas o que grita dentro de nosso interior, pedindo para voltar para a nossa história, para o sentido mais pleno daquilo que somos. Você nunca está sozinho, Deus sempre está com você, mas do que adianta estar com alguém que não está inteiro? Do que adianta ter alguém do seu lado que não sonhe os mesmos sonhos? Do que adianta olhar todo dia para uma pessoa e perceber que ela não está na mesma sintonia que você? Nesse momento, a solidão se instala na nossa história e nos perdemos diante daquilo que somos, temos e que não encontramos.

Escuto muita gente falando: "Sabe, padre, eu prefiro ficar com essa pessoa do que ficar sozinho". Isso é porque, muitas vezes, essa pessoa não consegue ser aquilo que preenche os seus próprios vazios. De vez em quando nós acostumamos com o que não presta, mas Deus nos propõe arrancar tudo que não presta da sua vida, tudo o que não deixa você perceber que a solidão é o momento único que encontramos com aquilo que somos.

Deus nos mostra que ninguém está sozinho, pois quando o coração está aberto colhemos o que Ele tem de mais precioso, que é a possibilidade de olharmos para nós e percebermos que não precisamos de ninguém para ser feliz, que o outro entra na nossa vida para fazer transbordar a felicidade que já está em mim.

Às vezes, colocamos o outro no centro das nossas vidas e perdemos a possibilidade de olhar para o que é essencial na nossa história, nos perdemos em nós mesmos. Já vi muitas pessoas desse jeito, abandonada em si mesma por não ser capaz de afirmar "Agora sou só eu, agora é o meu momento" ou "Agora é hora de estar com você" e "Agora é hora de deixá-lo".

A solidão me faz perceber que eu tenho que correr para o que me traz a alegria de ser o que está em mim. E era isso que Jesus sempre dizia, não tenha medo de olhar para a vida e ver que você terá que ficar nessa solidão, mas não para sempre, pois sozinhos já não podemos mais.

A cada instante Deus nos apresenta aquilo que pode transformar a nossa vida. Nesses momentos, eu percebo que nunca estou sozinho, pois Deus nunca me deixa só, nunca me deixa à mercê. Ele, simplesmente, diz: "Pare um pouco e olhe, escolha de verdade, porque é isso que falta em você, e ninguém pode preencher seus vazios". Aquilo que preenche a sua história é a presença Dele, que transforma o nosso coração.

Compreenda que a solidão nada mais é que um estado da nossa própria vida, é o desejo de encontrar aquilo que nos permite ver o que somos. Abra o coração, não reclame mais de nada, as pessoas certas aparecem nas horas certas, as pessoas certas aparecem quando a nossa vida caminha pela retidão da presença de Deus. Só assim, você pode dizer que quer amar e quer ser aquilo que Deus quer. Você não está sozinho, existe a presença de um Deus que transforma as nossas vidas.

Então pare de reclamar, a pessoa certa vai aparecer na sua vida e na sua história. E quando ela aparecer, a segure com todas as forças, porque é nesse momento que Deus vai mostrar a você que a vida tem um colorido diferente.

> Peço ao senhor que amenize todas as situações de solidão na sua vida, e que mostre a você que as pessoas certas estão chegando na sua história.

Capítulo 13

PARA SEMPRE

Talvez, o único desejo que brote do nosso coração é que as coisas fossem eternas. Mas o imprevisível da vida nos ajuda a perceber que o para sempre não é a duração de uma eternidade, que será concretizada ao longo da nossa história. O "para sempre" é uma construção diária.

As pessoas, as estações, as realidades, tudo muda; e as mudanças sempre são difíceis. Assim, notamos que o "para sempre" é o que um dia foi eternizado, são experiências que foram guardadas no coração. As circunstâncias da vida fazem do "para sempre" algo que hoje grita em nossa história.

Tudo mudou, mas parece que nós ficamos os mesmos, com os mesmos sonhos, desejos, a mesma vontade de encontrar alguém que nos escute, e que não mande em nós, mas uma pessoa que nos acolha do jeito que somos. O para sempre mostra o que Deus quer construir em cada um de nós. Eu quero coisas para sempre, pessoas para sempre, situações para sempre, amores para sempre. E esse "sempre" só acaba quando eu não acredito mais nas possibilidades do que um dia já aconteceu.

Nós gostamos muito daqueles filmes com finais que dizem "felizes para sempre", mas até onde esse sempre vai? Muitas pessoas já passaram por situações que elas acharam que seriam para sempre e, de repente, acabaram. Acredite, elas duraram aquilo que tinham que durar. É por isso que eu gosto muito de gente que grita, fala, que diz o que pensa – com sabedoria – que abraça, chora e vive o "para sempre" da realidade como algo que pode ser concretizado na vida.

O "para sempre" não se repete e só acontece quando mudamos algo em nossa vida. Aquele para sempre que um dia você acreditou pode ter passado porque você não cuidou, não trouxe como experiência concreta de benevolência para sua vida.

O "para sempre" que eu quero é aquele que me faz ser melhor, que me leva mais alto e me faz perceber que as coisas mudam. Essa mudança é muito bonita, as pessoas mudam, as situações mudam e nós também mudamos para entender que o "para sempre" é construído a cada dia. Na nossa história, nas imprevisões ou nas previsões da própria vida, aprendemos que algumas coisas permanecem e outras vão embora. Mudar é preciso e o "para sempre" está dentro de você.

Tenho pessoas guardadas em meu coração para sempre, mas que não estão mais ao meu lado. Hoje, apenas permanece o que for essencial, verdadeiro e o que for amarrado à inteireza do meu ser. Só vai ser para sempre aquilo que a vida trouxe como sinal de crescimento para mim e para você. Não queira o "para sempre" dos finais felizes dos filmes, pois ele não acontece todos os dias.

Muitas coisas são passageiras, vão embora, mas você consegue perceber o que fica em seu coração, como algumas amizades, alguns amores e situações. A vida deixa algumas coisas passarem com a finalidade de enxergarmos o que fica e encontra morada em nós.

O "para sempre" é aquilo que foi escrito com sangue, com lágrimas e com sorrisos. Que o "para sempre" de Deus brote em nós, pois é o que preenche nossa alma e eterniza a nossa vida.

Tantas pessoas fazem promessas de amor para sempre. Eu tenho medo de quem ama muito rápido, pois faz tudo com muita intensidade e rapidez e não percebe que o sempre é construído no dia a dia.

Certa vez, observei perguntarem a um casal que viviam juntos fazia muito tempo: "Oitenta e cinco anos de casados? Como vocês conseguiram ficar até hoje juntos?". O senhor olhou para a pessoa e disse: "Porque no meu tempo, quando uma coisa estragava, nós consertávamos. Hoje quando uma coisa estraga, a gente joga fora". É nesse jogar fora que perdemos os "para sempre" da vida e não enxergamos o que o outro traz como forma de contemplar a minha vida.

Quais são as pessoas que estão no seu "para sempre"?

Quais são as coisas que permaneceram no seu "para sempre"?

Quais são as situações que hoje gritam?

"Está tudo tão diferente, padre. Era tudo tão lindo, e hoje está tudo tão diferente". Muitas pessoas me falam isso. Mas é assim mesmo, as coisas mudam, o "para sempre" também muda. Por isso, conserte as coisas que precisam ser consertadas. Não as jogue fora: recoloque-se no lugar e deixe o "sempre" acontecer em sua vida e encontrar experiências de amor dentro de cada um de nós. Abra o coração e experimente o "para sempre" que vem de Deus, não tenha medo de ousar, de acreditar que o "para sempre" Dele permanece em nossas vidas.

Capítulo 14

FINADOS

Existem situações na nossa vida que não entendemos. Nós não sabemos compreender quando a morte chega de forma inesperada, pois nos deparamos com a brevidade da nossa história e começamos a questionar se existe momento certo para morrer.

Porém, a única certeza que temos é que um dia morreremos. Essa certeza está dentro do nosso coração, contudo, não sabemos aceitá-la e entender que a brevidade da vida nos proporciona várias experiências. Para Aquele que pode transformar a nossa vida, morrer é, simplesmente, entregar a nossa história a quem um dia nos deu permissão de poder viver nesta realidade.

Dói, mas eu sempre digo: nós nunca perdemos quem mais amamos, nós somente o entregamos na presença de Deus. A sua vida só encontra importância e sentido quando você percebe que ela não é eterna. Quando eu entrego aquilo que sou diante de Deus, eu consigo, puramente, desvencilhar-me das coisas que não podem mais me prender. A morte é uma passagem que nos aproxima de Deus.

Aqueles que amamos não morrem, eles ressuscitam, permanecem vivos dentro do nosso coração. Cada vez que nos despedimos de uma pessoa é a certeza de uma entrega profunda para um Deus que transforma nossa vida. Nós sentimos saudades, mas que aquele corpo sem vida se torna sinal de ressurreição, de uma vida nova em Cristo.

No dia dos Finados é comum a saudade apertar e nos perguntarmos por que a morte aconteceu. Aconteceu porque, naturalmente, aquela pessoa viveu. Existem coisas que não possuem um motivo, então entregamos para Deus e aprendemos que quem morre não retorna; no entanto, pode estar conosco, pois permanecem vivos dentro do nosso coração. Se foram amados de verdade, serão eternizados. De vez em quando choramos, sentimos falta, pois era uma pessoa amada, porém cada lágrima derramada é uma lembrança que passou por sua vida e deixou marcas profundas, que a morte jamais apagará.

Eu tive a oportunidade de acompanhar uma menina de 12 anos com câncer. A mãe dela me chamou um dia para visitá-la e enquanto eu rezava com aquela mãe, Deus me mostrava que aquela jovem não iria sobreviver. E foi o que eu disse para aquela mãe, pois o milagre de Deus era outro totalmente diferente.

Uma semana se passou e recebi um telefonema daquela mãe que me disse que a filha tinha acabado de falecer. Por um instante eu parei e entreguei na presença de Deus a vida daquela menina, que um dia tinha estado com a mãe.

"Padre, antes de ela morrer, ela me deixou uma carta e eu queria que o senhor escutasse o que ela escreveu."

A mãe me falou e começou a ler a carta pelo telefone, que dizia:

"Mãe, eu quero te pedir uma coisa, no dia do meu velório, não chore. Eu queria pedir para a senhora não chorar, porque quando eu mais precisei, você estava do meu lado, quando eu acordava à noite, a única coisa que eu via era o seu colchão do lado da minha cama e em todos os momentos a senhora se fez presente. Não chore, mãe, no dia do meu velório, porque a senhora fez aquilo que poderia ter sido feito."

Então aquela mãe me contou que havia, sim, chorado no velório da filha, mas não de tristeza, e sim por poder entregar a filha diante do coração de Deus. As pessoas que já passaram pela nossa vida são os presentes que Deus nos deu. Todos nós, algum dia, já entregamos alguém para o Senhor. Eu me lembro de pessoas tão especiais que já passaram pela minha vida e às vezes eu sinto tanta falta, mas elas estão para sempre comigo, porque se encontram presentes dentro do meu coração.

A vida foi feita para ser vivida. Diante da morte, eu só peço a você que ame um pouco mais, abrace mais, sorria mais, entregue o seu coração diante daquele que eterniza as nossas vidas, entregue para o amor supremo que é o Senhor. Diante da morte nós simplesmente entregamos, pois ela não é o fim, e sim o começo do que Deus tem preparado para cada um de nós.

Muitas vezes achamos que passou tão rápido, que o dia da morte chegou tão rápido. No dia dos Finados, você pode sentir muitas saudades, mas não se sinta triste. Às vezes dói, às vezes sentimos como se um pedaço de nós fora arrancado e queremos esse pedaço de volta, pois sentimos um vazio enorme dentro da nossa história que ninguém mais pode preencher. Olhamos para fotos, escutamos canções e percebemos que a vida está ali. Por isso, ame muito quem está com você, valorize, cuide e esteja presente. Depois que essa pessoa morrer, a única coisa que podemos fazer é entregar diante de Deus e compreender que já está ressuscitado diante do Pai.

Saudades, sim, tristeza nunca.

> Diante de Ti, Senhor, está a nossa história e aqueles que se foram, aqueles de quem sentimos saudades. Quando choramos

é porque amamos demais e o coração está dizendo que tudo valeu a pena. Que nesse dia a ressurreição possa ser uma certeza na nossa vida e saibamos que as pessoas que amamos não morrem jamais. Elas estão ressuscitadas dentro do nosso coração.

Capítulo 15

TEMPESTADE

Escuto várias vezes pessoas falando que estão passando por uma tempestade terrível na vida, que tudo está muito difícil e nada dá certo, que tentam muitas coisas, mas elas não acontecem, e por isso se questionam: "Até quando esta tempestade vai durar?".

A tempestade dura o tempo necessário para fazer o coração se aquietar. Elas são necessárias e acontecem justamente para nos mostrar aquilo que é preciso mudar. Mas o bonito da nossa história é perceber que as tempestades não são eternas e não permanecem em nossa vida. Às vezes, precisamos ter um pouco de paciência para compreender que o que está acontecendo, mesmo não sendo tão bom, está nos preparando para algo muito maior.

Um dia desses visitei uma menina com câncer em fase terminal, e ela me disse que sua vida tem sido uma tempestade e que tem enfrentado muitas coisas. A menina me olhou e disse que aquela era a tempestade dela, mas que tinha certeza que ao final a calmaria iria chegar. Eu perguntei:

"O que você quer fazer para que essa tempestade passe?". Ela simplesmente me disse que não queria nada, apenas iria esperar e confiar Naquele que pode acalmar as tempestades.

Desse modo, entendemos um pouco mais dos mistérios de Deus. Quando temos muita pressa, as coisas vão chegar, quando aceleramos uma situação que precisa ser um processo, impedimos que a graça transborde o nosso coração. Depois da tempestade vem o arco-íris, o sol brilha mais forte e nós temos mais força para enfrentar novas tempestades que surgirão. Quando a vida é colocada nas mãos Daquele que tudo acalma, nós começamos a entender o projeto de Deus.

Aquela menina me disse que não queria fazer nada e que já estava cansada de todos falarem que ela seria curada. A vontade dela era que Deus fizesse o que era necessário. Ela faleceu alguns dias depois, as tempestades foram acalmadas, mas não porque ela se foi, e sim porque ela soube entender que as tempestades, quando são acolhidas, se transformam naquilo que não sabemos entender. Ela percebeu, junto com toda a família, que aquela tempestade nada mais foi que o momento de preparar seu coração para acolher uma dádiva muito maior.

As tempestades já estão passando, tenha paciência, aguarde em Deus, porque Ele acalma tudo. Que a graça de Deus recaia sobre a sua história e o ajude a perceber que, diante daquilo que nós não entendemos, é preciso colocar tudo nas mãos Dele.

Capítulo 16

MORTE

A morte é um tema que incomoda muitas pessoas e gera receio de ser discutido. Mas é preciso compreender que a morte é uma passagem que nos permite entender melhor a vida. Quando pergunto para alguém do que ela mais tem medo, muitas pessoas respondem que possuem o medo de morrer. Porém, todos nós vamos morrer. A única certeza que trazemos no coração é que a morte um dia vai chegar à nossa história.

Quando olho para a morte, eu não posso focar sempre na perda. São Francisco dizia: "Ó vem, irmã morte, e ajuda-me a compreender os desígnios da minha história". Pode-se entender, então, que a morte nada mais é que a possibilidade de perceber que é preciso valorizar a nossa vida.

Tem gente que tem medo de perder as pessoas que ama. Mas elas nunca são perdidas, nós as entregamos. Após esse aprendizado, a morte se torna uma expressão da gratuidade plena e se transforma em dádiva. O que realmente temos que fazer hoje é valorizar mais as pessoas que estão ao nosso redor. Às vezes vou em alguns velórios e vejo pessoas que choram, gritam e dizem coisas lindas para um corpo que já não pode escutar mais nada. Tais coisas devem ser ditas enquanto o outro está vivo. A morte me ajuda a perceber que a vida é preciosa e deve ser valorizada. Sentiremos apenas a saudade.

Paramos, então, diante de uma realidade que nos conserta, pois não sabemos aquilo que vai acontecer. Essa resposta que tantos procuram está Naquele que nos diz: "Eu sou a ressurreição e a vida. Aquele que crê em mim não morre jamais, mas vive eternamente". É esse o sentido na nossa vida. A morte nos prepara para a ressurreição e para as vitórias que Deus quer colocar em nossa história.

Pare de ter medo de morrer e viva a vida de verdade. Quando você fizer isso, a morte vai encontrar um sentido concreto. Porque as pessoas que amamos não morrem nunca, elas permanecem vivas dentro do nosso coração, pois o amor eterniza aquilo que não compreendemos. Então, a morte se torna mais um momento da nossa vida, que nos prepara para aquilo que um dia tanto sonhamos. A vitória é eterna Nele, só Nele!

E se diante da morte você não compreender nada e começar a questionar o motivo disso estar acontecendo com você, saiba que não existem porquês; muitas vezes, existem somente os "para quês?", que só vamos entender com o passar do tempo, quando damos um novo significado às nossas dores e colocamos diante de Deus aquilo que não compreendemos. Não tenha medo de morrer. Viva plenamente e que a morte se transforme na maior vitória que nós possamos alcançar.

Nós cremos nisso, nessa vitória que brota do Senhor. A morte não é o fim, pois a ressurreição é a promessa para cada um de nós. No momento em que você compreender isso, você pode dizer, gritar e proclamar: "Vitória tu reinarás, ó cruz tu nos salvarás". Que a graça vinda da morte, que nos prepara para a vida, possa recair sobre a sua história. E que o poder de Deus o ajude a compreender que é preciso oferecer tudo o que somos para que a vida seja vivida em plenitude.

Capítulo 17

PERDÃO

Encontro muitas pessoas que possuem uma dificuldade enorme de perdoar. Perdoar nada mais é do que uma entrega profunda de amor. O perdão nasce de experiências concretas que foram vividas e que podem transformar a nossa vida. O perdão é dom de Deus, e por isso deve ser cultivado a cada dia.

Mesmo assim, muitas pessoas me falam que perdoar é complicado, que às vezes elas até querem, mas não conseguem esquecer. Durante tanto tempo somos ensinados dessa forma, achando que perdoar é esquecer, mas eu lhe digo: a gente lembra sempre. Mesmo se as lembranças continuam gritando por aquilo que um dia foi feito, vamos entendendo que o perdão é dádiva, que nos liberta e nos possibilita olhar para nós mesmos e perceber que somos tão grandes.

Porém, lembrar não quer dizer que não perdoamos. O perdão é mais uma atitude concreta daquilo que brota do nosso coração. Se eu sou capaz de olhar para você, que um dia me machucou de forma tão profunda, e rezar por você, é sinal de que eu o perdoei. Assim como Jesus, que levantava cada pessoa no chão e devolvia para ela a possibilidade de recomeçar.

Em minha opinião, uma das cenas mais lindas do Evangelho é quando aquela mulher que havia sido pega em adultério é levada até Jesus e jogada no chão – todos queriam jogar pedras.

Quantas pedras já foram atiradas em você?

Quantas pedras você já atirou?

Naquele momento, Jesus se silencia e espera todo mundo dizer o que quiser e depois ir embora. Nesse momento, Ele olha para ela e diz: "Mulher, ninguém te condenou, eu também não te condeno".

A maior virtude do perdão é que, quando sou capaz de perdoar, eu me liberto. Conheço muitas pessoas rancorosas, que ainda não conseguiram perdoar e possuem mágoas profundas dentro do coração. Essas pessoas estão presas a uma situação que as impede de caminhar diante do projeto de Deus.

Enquanto todo mundo vê uma pecadora, Jesus simplesmente viu a possibilidade de uma mulher que poderia se reerguer. E hoje, essa mulher é Santa Maria Madalena. O perdão nos devolve e nos dá possibilidade de começar uma história que um dia foi interrompida.

Você pode até me dizer: "Padre, já me machucaram tanto, já me feriram tanto", eu LHE respondo, perdoe quantas vezes forem necessárias. O perdão é para os fortes, é para aqueles que têm coragem de olhar para a vida e perceber que não somos frutos daquilo que eles fizeram, mas que temos em nossas mãos a possibilidade de olhar para o outro e falar: "Eu te perdoo". Que na graça que vem do Senhor, esse perdão alcance a sua história.

Capítulo 18

SAUDADE

Quem nunca sentiu saudades? Quem nunca deixou escorrer pelos olhos aquilo que um dia nos deixou para trás ou que foi deixado para trás? A saudade nada mais é do que trazer dentro do coração lembranças profundas que, com o tempo, transformam o nosso coração e a nossa história. Lembra-se de quando você era criança? Lembra-se do que você vivia, aquilo que você experimentava? A saudade tem o poder de eternizar, dentro de nós, momentos que um dia foram inesquecíveis na nossa história.

Nós só sentimos saudade daquilo que é bom. Sentimos saudade de pessoas que já se foram, de situações que foram vividas e, muitas vezes, sentimos saudades de nós mesmos. É nessa saudade que nós reconhecemos aquilo que é mais precioso. Às vezes, encontro com pessoas que dizem que possuem tanta saudade de alguém ou de algo e me questionam como vencer essa saudade. Apenas vencemos a saudade quando a assumimos.

A saudade não pode machucar. Ela nos leva àquilo que a vida um dia nos deu de presente. E se chorarmos, não tem nenhum problema, porque é isso que nós vamos experimentar a cada dia, nas lágrimas, nos sorrisos, nas histórias. Trazemos nas lembranças da nossa própria vida aquilo que Deus um dia construiu.

Quando éramos pequenos, corríamos e muitas vezes nos machucávamos. Então a mãe vinha, dava um abraço, um beijo e dizia que passou e tudo aquilo era tão fácil de ser curado. Naquela época, nós queríamos crescer, e agora, já crescidos, nós temos vontade de voltar ao início. Sabe por quê? Porque o ralado no joelho daquele instante dói muito menos do que as dores que são causadas hoje no nosso coração. A saudade, simplesmente, nos leva a momentos tão profundos que nos faz crer na grandiosidade da nossa existência.

Você sente saudade do quê?

Você sente saudade de quem?

Quais são as suas saudades?

Coloque-as diante Daquele que transforma e que dá vida. Que cada lágrima derramada leve-o a perceber que onde a sua saudade encontrar abrigo é o sinal de que ali sua vida recomeça. Que o Senhor hoje seja o sinal de toda graça da sua vida. E que a saudade nos leve a experimentar aquilo que nós temos de mais precioso.

Capítulo 19

PERDAS

Muitas pessoas falam para mim sobre suas perdas, e falar sobre isso é muito difícil, já que é tão complicado quando perdemos algo. Cada perda nos leva a uma experiência profunda de amor, nos leva ao encontro de nós mesmos. São nesses momentos que percebemos que algumas perdas são necessárias.

Perder é simplesmente colocar no coração de Deus aquilo que precisa ser reconstruído, e cada situação transforma nossa história. Às vezes perdemos amigos, pessoas queridas, situações e tantas outras coisas. Mas nessas perdas você pode ter certeza que existe sempre um ganho. O perder nem sempre quer dizer que estamos caindo naquilo que não somos, mas é a certeza que existe a possibilidade de reconstruir o que nós somos.

Quando deixamos ir ou quando deixamos permanecer, nós adquirimos a conquista mais plena de amor que transforma a nossa vida. Não tenha medo de perder algumas coisas. Porque quando nós as perdemos, nós temos a possibilidade de ir ao encontro daquilo que somos; e cada vez que eu vou ao encontro daquilo que eu sou eu não me perco, eu me encontro. Por esse motivo, algumas perdas nos levam a encontros profundos com o amor de Deus e com nós mesmos.

Nós não perdemos aquilo que amamos, não perdemos aquilo que foi eternizado dentro do nosso coração, pois isso sempre é encontrado. Por isso que cada momento da nossa história temos que aprender que a vida é passageira, que as coisas acontecem de forma rápida e que algumas perdas foram ocasionadas por você, mas foram necessárias para que a sua vida pudesse ser aquilo que ela é hoje.

Então, que cada perda nos ajude, hoje, a perceber que podemos ir ao encontro Daquele que sempre nos faz encontrar o que foi perdido. Tudo o que é verdadeiro permanece e reconstrói a nossa história. Por isso, ame mais e as perdas se tornarão bem mais leves. O sentido de cada situação da vida é alcançado diante de um amor que eterniza em nós aquilo que Deus um dia construiu.

Capítulo 20

RECIPROCIDADE

Tenho escutado muito que precisamos ter reciprocidade em tudo aquilo que fazemos, pois se não existir reciprocidade, não existe entrega e não há a possibilidade de fazer caminhadas concretas. O mundo e até mesmo as pessoas se perdem, pois ainda não aprenderam a dar sinais de gratidão. A reciprocidade nos leva à gratidão, e um coração agradecido é um coração transformado pela graça e pela misericórdia de Deus.

Ouço tantas vezes as pessoas falando: "Amo tanto e não recebo nada, eu faço tanto e muitas vezes não sou reconhecido". Devemos amar sem exigir nada dos outros, nós fazemos sem esperar nada em troca, mas a reciprocidade é necessária, pois tudo aquilo que é entregue tem que ser devolvido como sinal do que é apresentado ao coração. Então, se não existe reciprocidade, afaste-se, porque são nesses momentos que você percebe que sua vida é colocada em jogo, que a sua vida é colocada no sentido mais pleno de entrega e que pode ser transformada.

Aprendi, ao longo da vida, que é preciso saber olhar para o outro e reconhecer aquilo que ele nos dá e aquilo que podemos usar. Se eu o amo, por favor, me ame, se eu o respeito, por favor, me respeite. Não preciso mendigar nada de você, não preciso exigir nada de você. É na leveza da vida, na naturalidade da história, que aprendemos a ser aquilo que devemos ser. Existem pessoas que nunca agradecem nada, que nem sabem agradecer. Muitas falam: "Lá dentro de casa é desse jeito, no meu trabalho é desse jeito. Eu que faço tudo". Pare de ser vítima da sua própria história e aprenda que reciprocidade é gratuidade.

Se alguém não sabe ser recíproco com você, simplesmente deixe caminhar sozinho, deixe ir, mas olhe ao seu redor e perceba quantas pessoas o amam e se preocupam com você. Você não precisa correr atrás de pessoas que não sabem dar a você o verdadeiro valor, reze por cada uma delas e aprenda que a reciprocidade é dom que vem de Deus.

Que você possa vivenciar experiências, e que a cada dia encontre pessoas que estejam dispostas a sonhar com você, a voar com você, e a devolver o que lhe é de direito.

Capítulo 21

MILAGRE

Os milagres de Deus na nossa vida são sinais concretos daquilo que Ele quer fazer na nossa história. Essas ações de Deus transformam a nossa vida e nos dão respostas. Aquilo que não posso fazer é o que Deus faz, aquilo que você pode fazer, Deus não fará. Milagre é uma entrega profunda à vontade e benevolência de Deus que restaura nossa vida e, conforme vamos recebendo a graça, transforma toda a nossa existência. Já vivenciei muitos milagres, muitos sinais de Deus que vieram como uma resposta àquilo que muitas vezes gritava em meu próprio coração.

Uma vez estive em um hospital do câncer visitando um senhor que estava em fase terminal. Enquanto eu rezava com ele e toda sua família, um menino de mais ou menos 5 anos se aproximou, e ele também sofria com a doença. Após as orações o menino me perguntou:

"Padre, o que você está fazendo?"

"Estou aqui para rezar por este senhor."

Então ele me olhou e disse:

"Reza pra mim."

Rezei com aquele menino. Assim que terminamos, ele correu até a mãe e a chamou para ir embora, dizendo que já estava curado.

A mãe, então, olhou para ele e o acalmou:

"Filho, seu milagre vai chegar, mas tem que ter paciência, tem que esperar."

No entanto o menino insistiu, ele tinha uma certeza tão grande no coração que eu voltei a ele e perguntei o motivo de ele achar, com tanta convicção, que já estava curado. Ele me olhou e revelou:

"Porque quando o senhor rezava comigo, a mulher que estava do lado do senhor disse que eu podia ir embora. Que eu já estava curado."

Era Nossa Senhora que estava lá naquele momento, e assim que o menino falou, a mãe teve certeza de que algo novo estava acontecendo. Milagre é deixar Deus fazer aquilo que precisa ser feito, é se abandonar diante daquilo que Deus quer fazer na nossa história.

Depois de duas semanas esse mesmo menino veio ao meu encontro e trouxe consigo todos os exames. Não tinha mais nada de câncer na vida dele. Quando eu conto sobre essas coisas, é para que você perceba, a cada dia, que para Deus nada é impossível. Na verdade, o impossível é uma das especialidades de Deus.

Quando tudo parece perdido, tenha ousadia de dizer: "Deus já está realizando o meu milagre". E tenho certeza que Ele realmente já está realizando o seu milagre; por isso, peço hoje na graça que vem Dele que desça sobre você, sobre sua casa e sobre a sua família todos sinais da graça que vem do Pai.

Capítulo 22

CANSAÇO

O cansaço, muitas vezes, grita na nossa caminhada. Paramos diante da realidade e nos perguntamos o motivo de as pessoas estarem tão cansadas. Por que elas andam tão estressadas? Então, nos deparamos com aquilo que, na maioria das vezes, não queremos enxergar. As pessoas sempre perguntam umas às outras se está tudo bem, e a resposta, geralmente é: "Estou tão cansada, estou fazendo tantas coisas". Nesse momento, olhamos para nossa agenda e percebemos que, muitas vezes, não existe espaço para nós mesmos ali. Você tem sempre se deixado de lado? Para a última instância? Corremos tanto de um lado para o outro resolvendo coisas que o cansaço chega.

Em certa ocasião, perguntei para as crianças em uma das missas:
"Quando estamos cansados, o que fazemos?"
Todas responderam:
"Descansamos, nós descansamos."
E é tão simples! Quando estamos cansados de alguma coisa da vida, nós devemos descansar mas é preciso saber onde você está descansando.

O cansaço físico é resolvido com viagens, com os momentos nos quais paramos um pouco, com uma ida ao cinema; porém o cansaço da alma apenas será resolvido quando nós o direcionarmos Àquele que nos fortalece. Sempre quando paro um pouco e corro para encontrar Aquele que revigora minhas forças, percebo que o cansaço desaparece.

O pior cansaço é aquele que grita dentro da alma, que nos faz desistir daquilo que é esperança. Quando estou cansado, eu descanso, contudo não desisto, pois é aí que a vida começa a ganhar um sentido diferente. Ao olharmos para nós mesmos, notamos que descansar em Deus, talvez, seja um dos grandes desafios para cada um de nós, pois temos que parar diante Dele, deitar em Seu colo e perceber que é o lugar onde encontramos refúgio.

Tenho uma experiência linda da minha infância, e sempre me lembro da minha avó. Cada vez que penso nela, me lembro de quando eu chegava em sua casa e minha avó pedia para que eu me deitasse no colo dela. Hoje, cada vez que me sinto cansado diante de tantas coisas que vão acontecendo, corro para o colo de Deus e ali percebo que as minhas forças são renovadas. No colo de Deus eu sei que não existem julgamentos.

Diante dos fatos da vida, queremos ir embora, queremos desaparecer, mas Deus nos traz de volta para aquilo que somos. Que o seu cansaço hoje possa encontrar um repouso concreto, Naquele que nos fortalece. Peço para que tire um tempo em sua rotina para ficar com você, olhe na sua agenda, coloque o seu nome em primeiro lugar e depois comece tudo aquilo que você tem que fazer.

Aprendi, durante a minha vida, que às vezes imaginamos que se não estivermos presentes, nada funciona, que precisamos estar em todos os lugares ao mesmo tempo, em todos os momentos. Mas Deus nos diz que, de vez em quando, sair de cena não quer dizer desistir, e sim, dar uma pausa para que o coração possa encontrar força e poder voar ao mais alto. E quando você voa no mais alto que consegue, descansa nas asas desse Deus que nos leva. Então, que você descanse Nele e que Ele seja o sustento da sua história.

Capítulo 23

RELAÇÕES SAUDÁVEIS

Alguns dias atrás eu estava com um grupo de amigos e discutíamos a seguinte questão: o que precisamos fazer para termos relações mais saudáveis? As respostas foram diversas e essa pergunta me fez pensar que devemos refletir sobre a forma que estabelecemos as nossas relações, como nos portamos diante do outro, como acolhemos o outro, como deixamos outro entrar em nossa vida para transformá-la ou, simplesmente, para destruí-la.

As relações saudáveis só existem para aqueles que sabem, verdadeiramente, respeitar. Quando há respeito, o coração se abre. Às vezes, a pessoa nem precisa concordar com você, mas deve respeitá-lo. As relações saudáveis nos ajudam a ser mais plenos, mais felizes. Ninguém gosta de ficar perto de pessoas que reclamam o tempo inteiro, que são negativas. Mas temos que perceber que essas relações precisam transformar e isso apenas acontece quando o outro percebe que ele tem valor, que é amado.

Observe dentro da sua própria casa, principalmente quando tudo estiver em conflito. Muitas vezes já escutei pessoas dizendo assim:

"Sabe, padre, lá em casa é um inferno". E a minha resposta sempre é a mesma: "Então faça da sua casa o céu". Assim que conseguimos fazer isso, é um sinal de que algo novo está acontecendo, de que podemos acrescentar na vida de outras pessoas e que o outro também pode acrescentar em minha vida.

Você sabia que as relações saudáveis são aquelas que nos deixam mais felizes? Quando sou capaz de sair de mim mesmo e ir ao encontro do outro, quando paro e tiro um pouco do meu tempo para dar atenção a uma pessoa, quando sou capaz de, simplesmente, agradecer por aquilo que o outro fez por mim, quando dou um sorriso ou quando o meu olhar se encontra com o olhar do outro, o ajudando a perceber a grandiosidade que somos, são nesses momentos que entendemos que só temos o hoje para estabelecer relações com as pessoas e transformá-las.

Você pode até me dizer: "Fulano é difícil demais, fulano é complicado demais". Mas eu lhe respondo que isso não existe, aproxime-se do outro, acolha-o do jeito que ele é, e, assim, ajude-o a ser melhor.

De vez em quando colocamos rótulos, dizemos coisas bobas, justificamos nossos erros em cima das relações que foram frustradas, mas relações saudáveis nos levam a uma experiência concreta: fazem com que o amor nasça da liberdade. E, se o amor nasce da liberdade, é sinal de que você está vivendo algo fantástico na sua vida. Tudo aquilo que prende, que sufoca, que rouba, tira sua paz e não o deixa manter relações que o levem a contemplar o que Deus quer não é de verdade.

Naquela mesma situação eu disse para os meus amigos que as relações saudáveis são aquelas que são verdadeiras, nas quais eu não preciso esconder aquilo que realmente sou, onde podemos ser, simplesmente ser. E quando isso se realiza, é sinal de que a vida está entrando no eixo, é sinal de que estamos encontrando propostas concretas.

Você é uma pessoa de fácil relacionamento?
Você é uma pessoa que abre o coração?
Você é uma pessoa que se deixa conhecer?
Você se permite ser visitado na sua história?

É por meio disso que percebemos que só temos o agora, somente o hoje para fazer com que a nossa vida se transforme em uma relação agradável a Deus e ao outro. Desse modo, entendemos uma coisa: "Só temos hoje para amar, só temos agora, não sabemos quanto tempo falta para nossa vida se encerrar".

Não pare diante daquilo que o paralisa. Não se deixe levar pelas circunstâncias da vida. As relações saudáveis nascem de pessoas que sorriem a todo instante e que sabem compreender que mesmo nas amarguras da vida existe a possibilidade de uma doçura enorme. Que Deus o abençoe e que as suas relações sejam as melhores do mundo.

Capítulo 24

FAZER VALER A PENA

A vida só tem sentido quando, de verdade, fazemos as coisas valer a pena. Fazer alguma coisa valer a pena, é aquilo que transforma toda nossa realidade.

O que você faz vale a pena?
As suas relações valem a pena?
O seu trabalho vale a pena?
A sua história vale a pena?

Nesses questionamentos, nos deparamos com aquilo que somos e com o que temos. Aquilo que vale a pena é aquilo que move o coração: quando amamos, quando encontramos alguma coisa que nos motiva, corremos atrás dessa situação. Nós paramos o mundo, encontramos tempo, nos dedicamos e fazemos o que pode ser feito.

Então a vida se torna uma expressão da gratuidade. Já notou que tem muitas pessoas que fazem tantas coisas que acaba não valendo a pena? Existem pessoas que sabem fazer muitas coisas, mas não vivem aquilo que fazem, e quando eu não vivo aquilo que eu faço, quando não vale a pena, quando não encontro o sentido, eu não sei o que está acontecendo.

"É saber se sentir infinito, num universo tão vasto e bonito." É nessa finitude da vida que nos encontramos com aquilo que é infinito, é no infinito que se vale a pena, é no que sonhamos, no que buscamos, no que desejamos.

Conheço tantas pessoas que já abriram o coração para perceber que não é só dinheiro, fama e sucesso que valem a pena. Tem pessoas que ao varrer uma rua encontram o sentido concreto da sua fé, assim como existem pessoas que estão numa grande empresa e encontram o sentido concreto para sua vida. Só vale a pena aquilo que nós amamos, o que muda a nossa vida, o que nos faz melhor. Se algo em sua vida ou na sua história não está valendo a pena, é porque está na hora de virar a página. E se você tem medo de voltar àquela página pela saudade, arranque-a e comece a escrever uma nova.

Seja protagonista da sua própria história, pois só vale a pena aquilo que nos leva para o alto, que nos ajuda a compreender aquilo que Deus quer fazer. Sabe por quê? Porque a vida é muito passageira – é como um trem bala. Trens que vão parando em cada estação e que, de vez em quando, nós precisamos pedir para descer de alguma situação. Está na hora de descer, ou em algumas paradas nós, simplesmente, dizemos ao outro: "Sobe, vamos comigo. Vamos continuar a viagem". Em outras ocasiões, nós nem paramos em algumas estações, porque nós já as visitamos e só vale a pena parar nas estações que transformam o nosso coração.

E quando vale a pena, você vai até o fim do mundo, pois onde a esperança e a graça residem, é onde você encontra o sentido de ser aquilo que você é. A vida é isso, essa partida e chegada constante. Por esse motivo, por favor, faça valer a pena.

Abrace as pessoas que você ama, dê valor, abrace até mesmo aquelas que você também não ama. E faça valer a pena cada momento da sua história, cada segundo da sua vida, cada momento que você estiver com alguém. Então percebemos que o trem já está quase partindo, e nessas partidas você simplesmente encontrará as respostas. Faça valer a pena e faça a experiência de deixar ir tudo aquilo que não tem valido a pena na sua história. Que o Senhor o abençoe, o guarde e o proteja.

Capítulo 25

MÃE

Falar sobre nossas mães, olhar para elas e perceber a grandiosidade que cada uma traz, nos enche de emoção e as memórias começam a chegar, porque mãe é assim. Eu costumo dizer para as pessoas na paróquia: "Mãe é muito chata, mãe nasceu para ser chata". Já percebeu que mãe pega no pé e fala o tempo todo? E o pior de tudo, quando a mãe fala, ela sempre tem razão.

Às vezes ela olha para você e diz: "Não anda com fulano", e você insiste nesse relacionamento, anda com a pessoa e acaba se decepcionando. Mãe é chata porque ela ama. A "chatice" nada mais é do que a ternura gritando na nossa história e nos ajudando a entender o mistério da vida.

Você já se imaginou sem a sua mãe?

Você já imaginou a sua história sem referência materna?

Quando olhamos a nossa mãe, percebemos a grandiosidade que cada uma delas traz. Eu amo demais a minha mãe, muito mesmo, ela é uma mulher guerreira, uma nordestina que largou tudo para vir para Goiás, para trabalhar e crescer na vida. Quando eu olho para minha mãe, eu vejo nela marcas de dores, de alegria, de entrega, eu vejo marcas de uma mulher que nunca desistiu dos seus filhos – é por isso que vale a pena.

Quando eu olho para minha mãe, percebo que todas as mães são iguais, pois todas as mães querem, simplesmente, nos ver felizes. A minha mãe quando me liga sempre pergunta se eu estou feliz. Eu respondo, na maioria das vezes, que sim, estou muito feliz, e só pelo timbre da minha voz ela já sabe se realmente estou feliz ou não. Nós não enganamos a mãe nem tem jeito de enganá-la, ela percebe tudo, sente tudo. Mãe é aquilo que nos possibilita entender que a nossa vida é uma entrega de amor.

Quero agradecer e louvar a Deus pela vida de você que é mãe, que tem assumido com coragem a sua maternidade, que tem sido usada. Quantas mães que também são pais? Quantas mães que assumem tudo? Quantas mães que têm responsabilidades tão grandes? Quero, também, pedir por aquelas que ainda não são mães, por aquelas que querem e desejam, que gritam a necessidade da maternidade. No momento em que olhamos para essa maternidade, vemos que os significados mais plenos são sobre aquilo que nós somos e o que temos.

Minha mãe dizia para nós que poderíamos ser grandes, enormes, mas devemos sempre respeitá-la. Eu não consigo entender como alguns filhos não conseguem respeitar sua mãe, como eles não pedem mais a bênção, como eles não se aproximam, não abraçam, não dão um beijo. Cheiro de mãe é a coisa mais linda e gostosa que você tem. Então, entendemos como Deus nos dá as respostas.

Em uma missa das crianças, perguntei para elas:

"Qual é o cheiro da sua mãe?"

E eu dizia assim que o cheiro da minha mãe é cheio de algodão-doce, de maçã do amor, de jequitibá. Meu Deus, como é engraçado isso, nós conseguimos perceber a nossa mãe pelo cheiro! Quando sentimos saudades da mãe nós nos lembramos da voz, sentimos o cheiro e a vontade de estar junto aparece, pois é assim que Deus faz, Ele nos dá possibilidades de compreender que a graça vem dele.

Ofereça hoje à sua mãe como um dom de gratuidade, e quando você olhar para ela, para as marcas que ela traz em sua história simplesmente gaste um pouquinho de tempo para ficar com ela. Pare e diga que a ama, que ela é demais, que é a coisa mais preciosa da sua vida. Quando experimentamos isso, sentimos que a maternidade é a expressão do amor de Deus.

Mãe, obrigado por tudo. Mãe, eu te amo. Mãe, obrigado por ser presença na minha vida. Mãe, obrigado por sempre me acompanhar. Mãe, obrigado por ser minha intercessora. Que Deus abençoe todas as mães, inclusive a sua, assim como Maria de Nazaré, a mãe de Jesus, que está sempre ao seu lado. Pela intercessão de Nossa Senhora, que todas as mães sejam abençoadas.

Capítulo 26

A PEDRA JÁ FOI REMOVIDA

A pedra já foi removida, tirada e arrancada. A pedra, simplesmente, desaparecerá e Ele estará ali, não como sinal de bloqueio, mas como possibilidade de uma vida nova.

É quase Páscoa, e nesse momento nosso coração se abre para acolher aquilo que é a maravilha de Deus na nossa vida. A Páscoa é nada mais do que uma grande explosão de alegria, uma grande manifestação daquilo pelo qual nós passamos a viver. Todos os dias deveriam ser Páscoa em nossas vidas.

Uma vez eu conheci um bispo quando estava em uma missão em Irecê, na Bahia. Ele era uma pessoa que sempre ia nas casas e dizia "Feliz Natal, feliz Natal". Aquilo me chamou atenção e eu perguntei porque que ele estava desejando feliz Natal se ainda era abril. Ele me respondeu que todo o dia é Natal e todo o dia é Páscoa. Foi quando eu percebi a verdade nessas palavras. Todos os dias nós morremos e temos a possibilidade de ressuscitar, pois Jesus ressuscitou. A Páscoa é isso! Na noite do Sábado Santo nós carregamos, na festa das luzes, uma cruz inteiramente florida, para simbolizar que mesmo nas dores e nas angústias, existe a ressureição, existe a possibilidade de crescer.

Eu já acompanhei muitas pessoas e em cada história eu vi sinais de ressurreição. Quando encontrava alguém que estava com câncer, quando encontrava com alguém que estava passando por uma dificuldade muito grande, ou até mesmo por uma depressão profunda.

Quantas pessoas você conhece que estão nesse estado? Algumas até dizem que a vida delas está acabada. É nesse momento que entramos e percebemos que a graça de Deus não acaba, ela ressignifica a dor, aquilo que já o machucou e as suas relações, pois quando eu ressignifico, eu ressuscito e começo a compreender que existe sim a possibilidade de um novo caminho.

Pare de colocar pedras na porta e a escancare. Eu só lhe peço que coloque dentro do túmulo o que o tem matado, o que tem roubado a sua paz, deixe tudo isso lá dentro, tudo o que impede de olhar para sua história e de perceber que você ressuscita todos os dias. É isso que Deus está dizendo para nós, é sobre essa ressurreição concreta. "Eu venci a morte", diz o Senhor, então nós também podemos vencê-la.

Quantas mortes existem na sua vida?

Quantas vezes você já pensou que algumas situações ruins nunca fossem passar?

Mas passaram, e hoje você vive uma nova situação. É Deus que nos dá a possibilidade de olhar para nós, e perceber que Ele nos ressuscita, Ele o chama pelo nome, Ele o convida a dar uma resposta concreta na sua história.

O que tem tirado seu sopro de vida?

O que tem roubado de você a alegria de ser aquilo que precisa ser?

O que tem tirado de você a possibilidade de sorrir?

O que tem tirado de você a possibilidade de sonhar?

Quando você deixa sua história é porque a morte já tomou conta, é porque o túmulo está cheio daquilo que poderia ser sua alegria. Mas, hoje, existe uma esperança: pois Ele ressuscitou e nós também ressuscitaremos, e então as pedras são removidas, os caminhos se abrem e enxergamos a grandiosidade da nossa vida. Ressuscite, levante, coragem, ânimo, força.

Deus pede para você hoje: dê mais um passo. Vá ao encontro Daquele que restabelece tudo. Que a sua Páscoa seja uma Páscoa cheia de alegria e repleta da presença do Senhor. Que a luz brilhe nas trevas e que você encontre as respostas daquilo que pode dar sentido à sua vida.

Capítulo 27

COMO SE COMPORTAR DIANTE DE PESSOAS CRÍTICAS

Recebo vários e-mails de pessoas me perguntando como devemos nos comportar diante daquelas pessoas que sempre nos criticam. Você já percebeu que existem pessoas que só sabem criticar o outro? Quando digo crítica, não estou falando daquela crítica construtiva, que o ajuda a ser melhor, que o faz grande ou que o faz perceber aquilo que você é. Estou falando de críticas que, muitas vezes, vêm para denegrir o ser humano, que vem, puramente, para destruir, aquilo que o outro é.

Em um dos e-mails uma senhora disse para mim que o marido dela a criticava o tempo inteiro, dizia que ela não fazia nada, que era porca, que não arrumava as coisas do jeito certo. Ao ler isso parei para pensar: *será que nós somos especialistas em apontar defeitos? Ou nós somos especialistas em apontar qualidades?* O mundo já faz isso, as críticas são inúmeras em relação a cada um de nós, em relação a tudo o que você faz. Se você não quer ser criticado, você não pode viver.

Tudo aquilo que fazemos nasce da espontaneidade daquilo que somos, mas algumas pessoas não entendem isso. Eu aprendi na vida que quando alguém critica demais, ele tem o desejo de ser aquilo que você é ou gostaria de fazer aquilo que você faz. Também acredito que críticas podem ser construtivas e nos ajudar a ser melhor do que nós somos. De vez em quando é até bom escutar uma crítica positiva. Mas quando você se depara com alguém que, simplesmente, tem prazer em diminui-lo e criticá-lo o tempo inteiro, o que você está fazendo perto dessa pessoa?

Afaste-se porque senão você acabará se tornando uma delas, acabará criticando, falando mal, julgando os outros e não crescendo naquilo que é o desejo de Deus na sua vida. Críticas só servem se, de verdade, nos ajudarem a ser melhores. Aqueles que o criticam sempre e que falam mal de você, na verdade o amam ao contrário. Quando alguém fala demais, é porque está tentando justificar aquilo que se é. Por exemplo, se eu tenho a necessidade de diminuir o outro, é porque eu sou pequeno demais. Se eu tenho a necessidade de diminuir o outro para me fazer maior do que ele, é porque eu ainda não aprendi a olhar para as qualidades que o outro carrega.

Pare de ser especialista em apontar defeitos, aponte mais qualidades, tenha mais paciência, pois a vida é feita de defeitos e nós nos apaixonamos pelos defeitos e não pelas qualidades. Muitas vezes não temos essa consciência, mas é verdade, nos apaixonamos pelos defeitos que o outro traz e, a partir do momento que aquele defeito grita naquela pessoa, eu simplesmente aceito e ajudo essa pessoa a ser melhor. Pare de querer mudar a vida do outro, de querer transformar a vida do outro. Mude a sua, seja autocrítico, e deixe de falar tanto da vida dos outros.

Quando fazemos essa experiência, a graça de Deus transborda em nós. O que eu mais amo em Jesus é isso, Ele não criticava, Ele chamava a atenção, mostrava o erro e corrigia com amor. Pois aquele que ama não pune, mas corrige com misericórdia.

Deus nos pede isso: cuidado com as críticas, cuidado com o que você fala. Tem coisa que machuca, que dói tanto, que somos incapazes de apagar da nossa própria história. Às vezes uma palavra que foi dita, uma crítica no lugar inadequado, pode destruir totalmente o outro. Vamos fazer ao contrário: em vez de criticar muito, vamos elogiar mais, vamos ser especialista em descobrir as qualidades, porque o mundo já é especialista em descobrir críticas.

Então entendemos que é nesse propósito que devemos caminhar. Olhe para as pessoas que estão ao seu redor e potencialize aquilo que elas têm de melhor, pois todo mundo tem algo bom e lindo dentro de si. Se você tiver que criticar, faça com misericórdia.

Que nós possamos experimentar essa conversão diária, essa mudança profunda e quando você não der conta, só diga para o Senhor: "Renova-me, senhor Jesus! Já não quero ser igual", pois tudo em nós precisa ser mudado. Eu costumo dizer que pessoas bem resolvidas não nos atormentam, pessoas que são tranquilas consigo não têm necessidade de criticar o outro sempre, mas fazem com que a vida do outro seja uma explosão de qualidades. Que Deus o abençoe, que Deus o proteja. Que a graça desse Deus misericordioso esteja sobre a sua história.

Capítulo 28

O QUE FAZER PARA SALVAR FAMÍLIAS

As pessoas me perguntam: "Padre, o que eu tenho que fazer para salvar a minha família?". Sabe, o maior bem que possuímos é a nossa família. As famílias são diversas, complicadas, cheias de alegrias, mas nas famílias existem também perturbações e preocupações.

O mundo grita pela família, mas muitas vezes não a valoriza, não dá o tempo necessário para estar com aquelas pessoas que mais amamos. Temos tantas ocupações, tantas coisas para arrumar, que já chegamos em casa quase mortos de cansaço e não somos capazes de parar diante daqueles que estão ali e, simplesmente, perceber a alegria de ser família.

Como está a sua família? Muitas vezes eu escuto: "A minha família está bem. Está tudo bem lá em casa. Claro que de vez em quando nós brigamos um pouquinho, claro que de vez em quando não concordamos com as mesmas coisas". Mas a sua família é seu maior patrimônio, seu maior bem, quanto tempo você tem chorado para estar com a sua família? O importante não é a quantidade de tempo e sim a qualidade com que você se dedica para manter a relação com as pessoas da sua casa. Para as pessoas de fora nós oferecemos todo o tempo do mundo, e quando chegamos em casa não temos paciência para estar com a nossa família.

Você que é pai, você que é mãe, quanto tempo você gasta com seu filho?

Você tem parado, escutado, colocado seu filho no colo, deitado um pouco com ele?

Quanto tempo você que é filho tem dedicado ao seu pai e à sua mãe?

Você gasta com eles um pouco do tempo que você tem?

Parece ser tão óbvio, mas hoje em dia temos a capacidade de conversar com as pessoas da nossa família por meio do WhatsApp em vez de pessoalmente. Falamos e colocamos diversas situações naquele grupo, mas esquecemos de vivê-las. Às vezes até brigamos no grupo e esquecemos de que as relações precisam ser constantes. As relações virtuais não nos ajudam muito; a sua família não pode ter uma relação apenas virtual. Na verdade, a sua família não pode ter uma relação qualquer. A família precisa ser prioridade.

Nós salvamos a família por meio do diálogo, da oração, do respeito e, sobretudo, da dedicação do tempo às pessoas que de verdade fazem parte da nossa história. Quando você olha para o seu filho, para sua mãe, para o seu pai, para sua realidade, para onde, de verdade, precisa ser cuidado? E assim, percebemos que as famílias estão se perdendo, porque não encontram mais a essência de ser aquilo que precisa ser.

Você pode até me dizer que é difícil demais, pois um trabalha, o outro estuda, a outra vai para o inglês, fazem diversas atividades e não se encontram direito. Nós inventamos tanta coisa, quando simplesmente podemos estar junto com quem amamos. Como aproveitamos cada um desses instantes? Como você se comporta quando tem a oportunidade de estar com aqueles que você ama? Nós inventamos desculpas, um vai ver filme na Netflix, outro vai para o futebol, outro liga a TV e ninguém fala nada.

Hoje, eu quero lhe fazer um convite especial. Pare um pouco, se reúna com a sua família e escute. Faça uma mesa redonda com ela e pergunte aquilo que cada um sente e depois transforme em sinal de gratuidade. Nesses momentos percebemos que a nossa família é um tesouro. Não deixe que ela se perca, não deixe sua família desfalecer. Nos detalhes em que você perceber que ela está se perdendo, será onde você precisa voltar e acolher como sinal da graça. E só podemos pedir isso hoje: "Abençoa, Senhor, as famílias amém, abençoa, Senhor a minha também". Que a sua família seja abençoada, restaurada e que a sua família encontre a alegria de ser família.

Capítulo 29

AMOR

As histórias mais lindas acontecem em momentos inusitados. Amores verdadeiros não são amores passageiros, e sim amores que acrescentam na nossa história aquilo que nós podemos ser. Os verdadeiros amores nos levam a experiências profundas com aquilo que move toda nossa história. Escuto muitas vezes pessoas falando que estão sofrendo por amor, que está difícil porque um amor, que elas tanto acreditavam, acabou. Então eu faço essa pergunta: era amor ou era, simplesmente, um apego? Porque existe uma diferença grande, o amor é aquilo que nos move, que nos dá a certeza de que a vida encontra um sentido. Com isso, aprendemos com Deus a encontrar Nele os amores verdadeiros. Apego é o que criarmos na nossa existência e ligarmo-nos a elas.

Temos tantos apegos na nossa história que os amores vão desaparecendo porque não encontram o seu verdadeiro lugar. Pare de chorar por aquilo que não vale a pena. Pare de insistir naquilo que não dá mais para ser. Simplesmente abra o coração para colher o que foi reservado para você. Muitas pessoas dizem que o amor dói, mas não é verdade, o amor não dói, ele dignifica nossa vida e nos faz compreender que, ao longo da história, só ficam aqueles que forem verdadeiros, que sabem se entregar sem nenhuma reserva ou medida.

Quando olhamos para Cristo, percebemos um amor insondável, que grita, um amor que se fez doação. Quem ama doa, quem ama serve. Quem ama deixa a graça gritar, como experiência concreta daquele que é amado a cada instante. Que o amor hoje possa fazer parte da sua vida. Que o amor grite dentro da sua casa, dentro da sua família. E que você entenda que, em cada momento, esse amor dignifica a sua história.

Capítulo 30

NATAL

A melhor notícia nos foi dada, é Natal! É Natal de Nosso Senhor Jesus Cristo, onde a esperança se abre, onde uma criança chora na gruta de Belém para nos mostrar que a grande estrela já veio ao mundo. O Natal nada mais é do que a festa da luz, é a esperança brotando dentro do nosso coração e nos fazendo perceber as luzes acesas que anunciam que o menino nasceu e trouxe uma esperança nova, uma graça sempre nova.

Anunciai a todos os povos que nasceu em Belém a esperança para cada um de nós. Hoje é tempo de graça, é tempo de festa diante dos presentes que nós recebemos e de tudo aquilo que nos foi dado. Ele é um verdadeiro presente. Deus se fez homem e veio habitar entre nós, na fragilidade de uma criança, no seu choro. Nas coisas que mais precisamos, o Natal se manifesta em nós.

Tantas pessoas pedem um presente de Natal... Você deve ter recebido um, mas o maior presente quem deveria receber era o aniversariante. O que você deu hoje para Jesus? O Natal sem Jesus é o Natal sem o aniversariante. Sem a presença Dele, o Natal não tem sentido.

No anúncio do Natal, a paz precisa reinar nos nossos corações, pois o Natal também é a festa da paz que procuramos, da esperança que buscamos e da certeza que Ele vem ao nosso encontro e renova toda a face da Terra. "O verbo se fez carne e habitou entre nós". Deus escolheu fazer morada no meio do seu povo, escolheu habitar no nosso meio, escolheu estar com você.

O amor de Deus é o nosso coração, a manjedoura é a certeza de que Deus pede licença para entrar na nossa vida e fazer morada dentro do nosso coração. É tão bonito olhar para o menino que chora e saber que cada criança traz a esperança de algo novo. Quando Ele chorava, era a certeza de que Deus estava transformando tudo, estava nos dando respostas, trazendo novidades e renovando toda a face da Terra.

É Natal, e com toda alegria do mundo eu venho desejar a você e a toda sua família as bênçãos que brotam do céu. No Natal do Senhor, a certeza que fica no nosso coração é transformada em sinal de benevolência. Que este Natal seja sinal de restauração da sua vida, da sua casa e da sua história e que você deixe o presente entrar dentro do seu coração.

Talvez o grande presente que Deus gostaria de receber hoje é que você o deixasse nascer dentro da sua história e da sua vida, e que olhando para este Natal você perceba que Deus transforma tudo e nos dá as respostas diante de um coração novo. É Natal e o menino nasce em nossas vidas. Que a esperança brote no seu coração, que este Natal seja Dele e para Ele e nos ajude a olhar para as pessoas que mais amamos e dizer que elas são o grande presente que Deus nos deu.

Que o menino que nasce em Belém possa nascer na nossa vida. Vinde adoremos, adoremos Aquele que é o centro da nossa vida. A esperança brota para cada um de nós, então que neste Natal a sua vida seja transformada e o seu coração seja restaurado. Lembre-se de que Ele se dá como presente na sua vida. Eu desejo a você e a toda sua família paz, fé e que esse Natal seja cheio da graça de Deus.

Capítulo 31

UM TEMPO NOVO

No primeiro dia do ano vamos abrir o coração para contemplar o que Deus prepara para nós, o Ano-novo, a esperança, a vida nova, aquilo que só Deus pode nos dar. São nessas novidades que percebemos que o novo são as experiências que nós não fazemos a cada dia.

O novo ano só pode ser de graça e bênçãos se a sua vida for cheia de graça e bênçãos, se você se abrir para acolher o que vem de Deus. Este ano pode ser o melhor ano da sua vida se hoje, a partir desse momento, você começar a fazer o melhor da sua história. Começar um ano é abrir-se para as possibilidades, para entender o que Deus vai fazer, mas o ano apenas será novo se você e suas atitudes, de verdade, forem novas.

O ano somente será novo se você se abrir para acolher o que Deus tem como novidade para a sua história. Não adianta nada pensar que agora tudo vai ser diferente se você não fizer algo diferente. Não adianta você sonhar com muitas coisas se o sonho não for assumido como algo concreto na sua vida. O que já foi vivido não volta mais, a novidade é o agora que grita em nós.

Quero um país novo, gente nova, experimentar o que a vida tem como novidade para mim. Então, entendemos que essas novidades que Deus nos apresenta têm o melhor para cada um de nós. Eu sei que estamos começando o ano com muitos sonhos e projetos, que muitas pessoas falam que a partir de hoje tudo será diferente, que vão começar a fazer dieta, academia, isso e aquilo, e no dia seguinte já será uma vida nova.

Este ano, realmente, tem que ser diferente, ele precisa ser cheio da misericórdia de Deus, precisa nos levar às experiências mais bonitas, para que, assim, você possa entender que ele já começou. A novidade já fala em cada um de nós. Nenhuma mágica vai acontecer para que esse ano seja diferente, na verdade, ele só pode ser diferente quando você começar a ser diferente. A novidade não é o ano que se inicia, a novidade é você e o que está dentro do seu coração, que leva você a contemplar aquilo que a vida tem de melhor.

Nós queremos um ano cheio de paz, um ano bem melhor, no qual as pessoas possam crescer, onde não passem mais necessidades, no qual possam olhar para frente e perceber que existe um futuro de esperas. Estamos cansados daquilo que já vivenciamos, desejamos um novo que vem de Deus.

Eu não acredito em promessas que nos dizem que este ano vai ser o melhor ano de todos, que a pessoa amada vai aparecer, que nos daremos bem nas questões econômicas. Ele pode, sim, ser um ano muito bom, mas só se cada um de nós começarmos a sermos bons. Quando isso acontecer, você terá as respostas concretas daquilo que Deus está pedindo. É essa a novidade que nasce das experiências mais lindas de um coração que quer fazer a diferença. Você pode fazer a diferença, pois são nelas que percebemos que o Ano-novo já começou.

A partir de hoje, nesses 365 dias, Deus grita para nós e a cada dia traz a Sua novidade, a Sua resposta. Que todos os dias sejam de paz e que possa reinar, na sua vida, essa novidade que vem do Senhor, que brota do coração daqueles que sabem se entregar. Que esse ano a sua história possa ser reescrita de uma forma diferente, pois é você que coloca os pontos-finais na sua história, é você que começa a escrever tudo aquilo que um dia Deus sonhou.

Sabe o que eu acho mais bonito? A possibilidade que temos de recomeçar a cada instante, de fazer a novidade acontecer. O novo está aí dentro de você, está gritando dentro da sua casa, dentro da sua família. Eu não sei como você começou este ano, como você acordou no dia de hoje, eu não sei quais são seus projetos. Mas sei que a novidade só vem Daquele que transforma a nossa vida, brota somente de um coração que se insere.

A novidade deste ano é que você possa vivenciar aquilo que você não vivenciou por medo, por falta de coragem de ousar, de arriscar, de mergulhar nos planos de Deus. Essa novidade está gritando: "É Ano-novo, é vida nova". Então, que este ano traga para cada um de nós a paz e a certeza de que tudo vai ser diferente, se formos diferentes. Quero desejar a você um ano cheio de alegria e de bênçãos. Que esse ano seja não só de novidade na sua vida – eu proclamo, no dia de hoje, um ano cheio de vitórias.

Este livro foi composto em Berthold Baskerville Book e impresso
pela Gráfica Santa Marta para a
Editora Planeta do Brasil em dezembro de 2018